290/1

Wolfram Fischer

Handwerksrecht und Handwerkswirtschaft um 1800

Handwerksrecht und Handwerkswirtschaft um 1800

Studien zur Sozial- und Wirtschaftsverfassung vor der industriellen Revolution

Von

Wolfram Fischer

DUNCKER & HUMBLOT / BERLIN

Verlag Duncker & Humblot, Berlin-Lichterfelde
Gedruckt 1955 bei Berliner Buchdruckerei Union GmbH., Berlin SW 29

Meinem Bruder
zur
Meisterprüfung

Inhalt

Einleitung

Über das Handwerk der vorindustriellen Zeit ist unendlich viel geschrieben worden. Aber der wissenschaftliche Ertrag dieser Forschungen steht in keinem Verhältnis zu der Mühe und dem Sammlerfleiß, den mehrere Generationen dafür aufgewendet haben. Die zahlreichen parallel laufenden Dissertationen, die seit mehr als fünfzig Jahren die Gewerbepolitik verschiedener Territorialstaaten, die Organisation des Gesellenwesens und die wirtschaftliche Lage einzelner Gewerbezweige untersucht haben, kommen auf der einen Seite immer wieder zu verblüffend ähnlichen Ergebnissen für sehr verschiedene Gewerbezweige, Lokalitäten und Jahrhunderte, während sie auf der anderen Seite die Verhältnisse so individuell und verschiedenartig darstellen, daß eine Zusammenfassung, ja ein Vergleich unmöglich erscheint. Deshalb bleiben die meisten Untersuchungen entweder in der Darbietung des Materials stecken oder verlieren sich in allgemeinen Redewendungen über die Lage und die Sitten des Handwerks, und die wissenschaftlich unvermeidlichen Urteile entbehren dann der Überzeugungskraft, weil sie entweder von einer unkritischen Verherrlichung des Zunftwesens oder von einer naiven Übertragung jeweils aktueller Maßstäbe und Horizonte auf vergangene Lebensformen ausgehen. Es spricht sich hier eine Verlegenheit aus, die für die deutsche wirtschaftsgeschichtliche Forschung charakteristisch ist. Von den Historikern als Stiefkind behandelt, blieb sie auf weiten Strecken interessierten Laien, romantischen Antiquaren und politischen Ideologen überlassen oder wurde in den Dienst einer populären Kulturgeschichte gestellt. Wo sich Nationalökonomen ihr zuwandten, sollte sie Historie und Wirtschaftstheorie zugleich sein, wurde aber keiner der beiden Disziplinen gerecht, denn sie verfehlte die theoretische Analyse der Probleme sowohl wie die für den Historiker unumgängliche subtile Quellenforschung. Da sie die Fülle des Materials nicht bewältigen konnte, ließ sie sich zu Vereinfachungen, Verkürzungen und Generalisierungen verleiten, so daß großzügige Längs- und Querschnitte, bequeme Wirtschaftsstufenlehren oder impressionistische Sozialgemälde entstanden, zwischen denen die wirtschaftliche Wirklichkeit des Alltags vergangener Zeiten jedoch hindurchfiel wie gefangene Fische durch die Maschen eines zu weiten Netzes.

Wenn es richtig ist, daß mit der Zunahme der kommerziellen und monetären Verflechtung der Wirtschaftsräume die Bedeutung der theoretischen Analyse für das Verständnis des Wirtschaftslebens wächst, so nimmt es nicht wunder, daß der Mangel der Wirtschaftshistorie sich gerade für die neueren Jahrhunderte so auffällig zeigt. Während für ältere Zeiten und bis ins spätere Mittelalter hinein es wesentlich darauf ankommt, die wirtschaftlichen Tatbestände überhaupt erst aufzudecken, ist hier eine Fülle von Material zu sichten und so zu befragen, daß es über Wirtschaftsstruktur, Wirtschaftsordnung und Wirtschaftsablauf hinreichende Auskunft geben kann. Die Mediävisten haben mit gewohnter Akribie ihre Aufgabe in Angriff genommen und sind ihr, gestützt auf ein Jahrhundert ungebrochener wissenschaftlicher Tradition, durch die Verfeinerung ihrer Methoden zunehmend gerecht geworden; die Arbeit, die für die Aufhellung des Wirtschaftslebens in den neueren Jahrhunderten geleistet wurde, bleibt jedoch merkwürdig unbefriedigend, weil für gewöhnlich höchstens die Frage nach der Wirtschaftsstruktur zureichend beantwortet wird. Das Problem der Wirtschaftsordnung ist, bevor Walter Eucken darauf aufmerksam machte, kaum gesehen worden, und der Wirtschaftsablauf konnte nur unzureichend oder gar falsch beschrieben werden, weil das theoretische Rüstzeug fehlte, um die oft zufälligen Angaben, die die Quellen liefern, so zu durchdringen, daß die kausalen Zusammenhänge deutlich werden. Nur wo die rein historische Methode der individualisierenden Erzählung ausreicht, um den Gegenstand darzustellen, kommt dieser Mangel nicht zum Vorschein, und so ist das beste an wirtschaftsgeschichtlicher Erforschung der Neuzeit in Deutschland in Unternehmerbiographien, Familien- und Firmengeschichten und in Darstellungen der Gewerbepolitik niedergelegt. Brauchbare Untersuchungen ganzer Wirtschaftszweige, größerer Wirtschaftsräume oder -perioden, die die angelsächsische Wissenschaft in so reichem Maße kennt, sind selten, und historische Untersuchungen mit den Mitteln moderner Konjunkturforchung und Ökonometrie nach systematischen Gesichtspunkten, wie sie in dem momumentalen Team-Work einer Gruppe amerikanischer Nationalökonomen über „The British Economy 1800 bis 1850“ vorliegen, fehlen ganz, so daß sich eine Gesamtdarstellung der deutschen Sozial- und Wirtschaftsgeschichte, wie sie Friedrich Lütge versucht hat, noch immer durch ein Gestrüpp von ungeklärten Fragen und unaufgehellten Tatsachenreihen arbeiten muß und ihre wesentlichen Stützen fast mehr in der rechts- und verfassungsgeschichtlichen als in der wirtschaftsgeschichtlichen Forschung findet.

Auch für die Geschichte einzelner Wirtschaftszweige und -perioden sind, ungeachtet der fleißigen Ansammlung großen Tatsachenmaterials, wichtige Probleme noch ungeklärt und entscheidende Tatsachen gar nicht bekannt. Nicht nur, weil die wirtschaftshistorischen Archivalien einer geringeren Aufmerksamkeit und Pflege begegneten, sondern mehr noch, weil die Historiker bei ihrer Auswertung sich eigenartig hilflos verhielten und die Nationalökonomen sie nur selten zur Kenntnis nahmen, ist der Ertrag der Forschung weit hinter dem zurückgeblieben, was bei vergleichbarer Quellenlage in der politischen oder gar biographischen Geschichtsschreibung geleistet wurde. Das liegt zum Teil in einer unaufhebbaren methodischen Schwierigkeit begründet. Wirtschaftlichen und sozialen Phänomenen fehlt die chronologische und kausale Übersichtlichkeit, die politischem Handeln und mehr noch dem Lebenslauf eines Individuums eigen ist. Die Zustände und Begebenheiten, die sich noch dazu oft nur in schwer vergleichbaren Zahlen ausdrücken, scheinen so wahllos nebeneinander zu liegen, daß die natürlichen methodischen Gerüste, mit denen man in der politischen und in der Geistesgeschichte arbeiten kann, nicht ausreichen, um Auswahl- und Erklärungsstützen zu gewinnen, und durch theoretische Konstruktionen ergänzt werden müssen. Da die idealtypische Reinheit solcher Modelle jedoch in der Wirklichkeit nirgends zu finden ist, schrecken viele Historiker vor ihrer Verwendung zurück und ziehen es vor, sich steuerlos durch die Welt der Tatsachen zu bewegen, nicht eingedenk der alltäglichen Erfahrung, daß man vieles übersieht, wenn man nicht weiß, was man sucht. Wem nicht eine gewisse Gabe der intuitiven Erfassung der Zusammenhänge zu Hilfe kommt — die freilich Historikern von der Größenordnung Jacob Burckhardts in reichem Maße eigen ist — der bleibt bei einer bloßen Aneinanderreihung ursprünglich nebeneinandergeordneter Fakten oder er erliegt populären Fehlschlüssen, weil er verschiedene Tatsachenkonstellationen miteinander verbindet, deren Kausalzusammenhang scheinbar offensichtlich, deswegen aber nichts weniger als bewiesen ist.

In der Gewerbegeschichte begegnen solche Fehlschlüsse besonders häufig. Da wird aus den Klagen der Gewerbetreibenden auf die tatsächliche Lage eines Gewerbezweiges geschlossen; da wird von dem numerus clausus einer Zunft die Übersetzung dieses Handwerks gefolgert; da wird nach dem Verhältnis der Meister- und Gesellenzahl der Grad des Wohlstands errechnet. Wenn man die Geschichte eines bestimmten Handwerkszweiges liest, bekommt man den Eindruck, als habe gerade dieses Handwerk immer besonders unter den Übergriffen seiner Nachbargewerbe gelitten, und die Lokalhistoriker pflegen zu berichten, wie gerade ihre Stadt von der Konkurrenz anderer Städte geschädigt wurde. Wie naive Biographen sich in ihre Helden verlieben, so neigen die Chronisten der Gewerbe dazu, sich mit ihrem Gegenstand zu identifizieren und sich damit die Sicht für die wirklichen Zusammenhänge zu verbauen. Das Prinzip des ‚sine ira et studio', das bei der Aufhellung diplomatischer Vorgänge und der Bewertung historischer Persönlichkeiten so gute Dienste leistet, ist auch für die Wirtschaftsgeschichte unerläßlich, zumal die Gefahr, sich den Standpunkt der Parteien zu eigen zu machen, hier besonders lauert, weil das Urteil des Interessenten mit dem Gewicht des Fachmannes ausgesprochen wird.

Man könnte die methodische Schwierigkeit, um die es sich handelt, als das Problem der ‚Übersetzung' bezeichnen. Ihr Kern besteht darin, daß die Wissenschaft sinnvoller Zusammenhänge bedarf, um Erklärungen geben zu können, daß wirtschaftliches Handeln und Geschehen sich aber in einer Weise kundtut, die solche sinnvollen Zusammenhänge nur sehr schwer erkennen läßt. Daß ein Schuster im Jahr 130 Paar Schuhe herstellt, daß er sein Leder zu einem bestimmten Preise aus einem anderen Ort bezieht und sein Handwerkszeug vom Vater geerbt hat, der es vor dreißig Jahren zu ganz anderen Preisen einkaufte als sie sein Sohn bei der Übernahme des Geschäfts hätte zahlen müssen, sind leicht auffaßbare Tatsachen, die aber nur nach einem sehr langwierigen Prozeß des Denkens und Untersuchens für den Geschichtsschreiber ‚Sinn' bekommen, d. h. in ihren Bedingtheiten und Ausstrahlungen erkannt werden. Umgekehrt verhält es sich bei geistigen Vorgängen. Sie sind zunächst sehr schwer auffaßbar, bedürfen aber keiner weiteren Tranformation, um historisch dargestellt zu werden, da das Objekt mit dem auffassenden Subjekt — dem menschlichen Geist — identisch ist und höchstens ein ‚Übersetzungs'-Prozeß innerhalb des gleichen Mediums, der menschlichen Sprache stattfindet. Die Ideen Platos oder Kants sind nicht leicht zu begreifen, einmal verstanden, können sie ohne weiteres wiedergegeben werden; die Rechnung eines Handwerkers hingegen ist leicht zu lesen. Ihre Einordnung in einen ökonomischen Kausalzusammenhang und ihre sinnvolle historische Interpretation aber macht die größte denkerische Anstrengung erforderlich und erweist sich oft als ganz und gar unmöglich. Deshalb ist der Transformationsprozeß, den die Geschichtsschreibung vornimmt, in der Geistesgeschichte am geringsten, in der Wirtschaftsgeschichte am größten, während die politische Geschichte in der Mitte steht.

Das läßt sich an dem Beispiel der Wirtschaftspolitik deutlich zeigen. Die Geschichte der wirtschaftspolitischen Theorien zu schreiben, setzt lediglich die Kenntnis der allerdings nicht einfach zu verstehenden Gedanken der Wirtschaftswissenschaftler voraus; ein Bericht über die Wirtschaftspolitik selbst, über die getroffenen Maßnahmen, macht schon die Kenntnis zahlreicher Gesetze und Debatten, Regierungsbeschlüsse und Anordnungen nötig; die durch diese Politik hervorgerufenen wirtschaftlichen Vorgänge zu verfolgen, aber ist ein beinahe unmögliches

Unterfangen, weil die wenigen Ideen über ein paar Dutzend politischer Maßnahmen sich in tausendfältiger Weise ausgewirkt haben und es im einzelnen nur selten mehr zu erkennen ist, inwiefern die Veränderung eines wirtschaftlichen Tatbestandes in einer politisch wirksam gewordenen Idee ihre Ursache hat. So ist es fast unumgänglich, daß die Wirtschaftsgeschichte sich entweder auf die genaue Analyse einzelner Beispiele beschränken oder den fatalen Beigeschmack des zufällig Aufgelesenen auf sich nehmen muß, während die Geistesgeschichte in vornehmer Eleganz die großen Ideen in ihren inneren Zusammenhängen darzustellen vermag.

Diese Tendenz wird verstärkt durch die eigentümliche Wirkung, die der Ablauf der Zeit auf unsere Perspektive bei der Betrachtung menschlicher Dinge ausübt. Es ist die Wirkung einer camera obscura, die das unterste zu oberst kehrt. Während für den Alltag des Menschen der Kampf um das tägliche Brot im Mittelpunkt steht und den größten Teil seiner Zeit ausfüllt, tritt das Wirtschaftsleben um so weiter zurück, je größere Perioden der Geschichte unser Blick umfaßt, und in den Vordergrund treten die großen Ideen und Religionen, die unveränderlichen Momente im menschlichen Dasein. Dem liegt nicht die Willkür der Betrachter oder gar die ‚Ideologie' einer herrschenden Klasse zugrunde, sondern offenbar ein geistiges Gesetz, dem sich niemand entziehen kann. Wie die ägyptischen Fellachen ihren Alltag verbrachten, als ihre Herrscher die großen Pyramiden bauen ließen, ist vergessen, wenn nicht zufällig eine Inschrift einzelne, winzige Bruchstücke davon erkennen läßt. Aber die Lehren der großen Religionsstifter sind mündlich und schriftlich über Jahrtausende überliefert worden, und ihr Geist prägt das Leben der Menschen heute so wie zu jeder beliebigen anderen Zeit seit ihrem Auftreten. Deshalb wird die Wirtschaftsgeschichte stets die geringere Magd ihrer edleren Schwester bleiben müssen, auch wenn ‚modernes' Denken sich gewaltig dagegen aufbäumt, und Arnold Toynbee hat sicherlich nicht unrecht, wenn er meint, daß für den zukünftigen Historiker unserer Zeit der Aufeinanderprall verschiedener Kulturen das eigentliche Thema sein wird, daß ihn der „challenge" der westlichen Zivilisation und der „response" der übrigen Welt auf diese Herausforderung noch beschäftigen werden, wenn die politischen Auseinandersetzungen begraben und die wirtschaftlichen Sorgen und Nöte unseres Alltagslebens längst vergessen sein werden. Das darf uns jedoch nicht daran hindern, mit jeder möglichen Sorgfalt dem wirtschaftlichen Leben vergangener Zeiten nachzuspüren, auch wenn wir uns durchaus bewußt bleiben, daß der Prozeß des Vergessens uns wesentlicher Stützen der Erkenntnis beraubt hat.

Auch eine Geschichte des deutschen Handwerks in der Goethezeit leidet unter diesen methodischen Schwierigkeiten. Viele Fragen, die der Wirtschaftstheoretiker an sie stellt, müssen unbeantwortet bleiben, weil uns die Kenntnis der entscheidenden Tatsachen fehlt oder das Material noch unaufgearbeitet in vielen Hunderten von Archiven verstreut liegt. Die vorliegende Arbeit will daher nicht das Handwerksrecht und die Handwerkswirtschaft in ihrer Gesamtheit zusammenfassend darstellen (noch weniger eine Apologie des ‚alten Handwerks' bringen), sondern sie will einzelne Probleme erörtern, die sich für eine Wirtschafts- und Sozialgeschichte des Handwerks an der Schwelle der industriellen Revolution ergeben und die bei jeder wirtschaftsgeschichtlichen Untersuchung in ähnlicher Weise auftauchen. Sie vernachlässigt die oft behandelten Probleme der Wirtschaftsstruktur, um die Frage nach der Ordnung handwerklicher Wirtschaft um 1800 zu stellen. An einzelnen typischen oder auch zufälligen Beispielen soll dargelegt werden, in welcher ‚Verfassung' sich das deutsche Handwerk im 18. Jahrhundert befand und wie sich diese Verfassung beim Übergang zum 19. Jahrhundert bis hin zur achtundvierziger Revolution wandelte. Daß dabei neben den juristischen und ökonomischen Tatbeständen auch die geistesgeschichtlichen Probleme des handwerklichen Standesethos und seiner Wandlung in der Welt des Pietismus und der Aufklärung, des Liberalismus und Sozialismus nicht übergangen werden können, ergibt sich aus der Tatsache, daß ‚Handwerksbrauch und -gewohnheit' die Ordnung der Wirtschaft in ganz bestimmter Weise beeinflußten. Sie können jedoch hier nur am Rande berührt werden. Ausführlicher sind sie an anderer Stelle dargestellt[1].

Die Ordnung der handwerklichen Wirtschaft ist bis ins 19. Jahrhundert hinein gegeben durch die Zunftverfassung. Sie korporiert die Handwerker einer Stadt, eines Territoriums, ja im Grunde des ganzen Reiches in verschiedenen Innungen, deren Statuten, Regeln und Gewohnheiten das wirtschaftlicher Verhalten der Handwerker in bestimmte Bahnen lenken. Da jedoch die Zunft mehr ist als ein Instrument der Wirtschaftsordnung, da sie soziale, politische, ja kirchliche Funktionen besitzt, da sie in verschiedenen Erscheinungsformen auftritt und ihr Charakter sich wandelt, sagt die Feststellung, daß die handwerkliche Wirtschaft durch die Zunft geregelt sei, noch nicht viel aus. Erst eine genaue Analyse der jeweiligen Zunftordnungen, der Wirtschaftsgepflogenheiten und Zeitverhältnisse kann Aufschluß geben über die Verfassung, in der sich ein Handwerk zu einer bestimmten Zeit befindet. Ob dabei die in Gesetzen und Statuten niedergelegte Rechtsordnung oder die Handwerksgewohnheit, ob die jeweilige Wirtschaftslage oder der Stand der technischen Entwicklung die ausschlaggebende Rolle spielt, ist nicht immer mit Eindeutigkeit festzulegen. Die Frage

---

[1] s. Rudolf Stadelmann und Wolfram Fischer, Die Bildungswelt des deutschen Handwerkers um 1800, Berlin 1955, insbesondere das 2. Kapitel: „Das Ethos des Handwerksstandes".

muß jedoch jedesmal gestellt werden, und seit Walter Eucken die Bedeutung der Rechtsordnung für den Wirtschaftsablauf in den Mittelpunkt wirtschaftspolitischer Betrachtungen gestellt hat, wird die Suche nach den Faktoren, die das Wirtschaftsleben bestimmen, mit größerer Energie geführt. Es ist offensichtlich geworden, daß nicht die technische Entwicklung allein Wirtschaftsstruktur und -ablauf determiniert. Freilich wird der Historiker sogleich zu fragen haben, ob nicht die Bedeutung, die der Rechtsordnung zukommt, sich im Laufe der Zeiten wandelt, ob sie nicht überschattet werden kann durch andere, stärkere Mächte, durch Traditionen und Gewohnheiten, natürliche Gegebenheiten und politische Kräfteverhältnisse. Dogmatische Setzungen führen nicht zum Ziel. Die historische Wirklichkeit kann nur ermittelt werden, indem man ihren verschiedenen Seiten und unaufhörlichen Wandlungen im einzelnen nachspürt.

Die Gesichtspunkte, nach denen eine solche Untersuchung vorgenommen wird, müssen im voraus festgelegt und begründet werden, denn nur, wenn sie so ausgewählt sind, daß diejenigen Merkmale zutage treten, die die Wirtschaftsgebarung der Zünftler entscheidend bestimmen, kann man Aufschluß über den wirtschaftsordnenden Charakter der Zünfte erwarten. Eine Analyse nach den Marktformen, Zahlungsgewohnheiten und Kreditorganisationen genügt jedoch nicht, um eine Erscheinung wie die Zunft zu charakterisieren, denn ihre Funktionen reichen weit über das Ökonomische hinaus und ihr rechtlicher Status stellt sie als integrierenden Bestandteil in die politische und soziale Ordnung des alten Reiches. Nur, wenn wir von diesem sozialen Ort der Zunft ausgehen und alle ihre Funktionen in die Betrachtung einbeziehen, bekommt das Ökonomische im Zunftwesen seinen richtigen Stellenwert. Denn das Wirtschaften ist für den Menschen eingebettet in eine Vielzahl anderer sozial wirksamer Handlungen, und die theoretische Apparatur, die den Wirtschaftsablauf erklärt, muß bei einer Betrachtung der sozialökonomischen Wirklichkeit in die außerökonomischen Gegebenheiten eingebaut werden wie Steuerrad und Schaltbrett in ein Auto. Ohne sie laufen die Räder wohl, aber das Fahrzeug kann nicht gesteuert werden; die Schaltungsapparatur allein hingegen ist nur ein Spielzeug. Die theoretischen Modelle sind daher nutzlos, wenn sie nicht angewendet werden, und Wirtschaftspolitik und -geschichte bleiben orientierungslos, wenn sie sich ihrer nicht bedienen.

Eine Zunft im alten Deutschen Reich korporierte die Handwerker eines oder mehrerer Gewerbezweige einer Stadt, einer Landschaft, eines Territoriums oder des ganzen Reiches zu einem Verband gleichberechtigter Genossen, die ihr Gewerbe nach allgemeinverbindlichen Richtlinien und Gewohnheiten betrieben, gegenseitige Rechte und

Pflichten auf sich nahmen und als Gesamtheit gewisse politische, kirchliche und jurisdiktionale Funktionen ausübten. Gelegentlich gab sich ein solcher Verband seine Ordnung selbst, für gewöhnlich wurde sie ihm von der Obrigkeit gesetzt, die ihm darin bestimmte Selbstbestimmungsrechte einräumte. Wie groß dieser autonome Raum der Zunft bei der Festlegung und Durchführung ihrer Statuten ist, ist die erste entscheidende Frage, die an das Handwerksrecht gestellt werden muß. Denn von der Stärke dieses Moments hängt die politische und ökonomische Stellung der Zunft wesentlich ab. Eine Zunft mit großem Autonomiebereich kann die Interessen ihrer Glieder nach außen sowohl wie die Disziplin nach innen wesentlich schärfer vertreten als ein Handwerkerverband, dessen Bewegungsfreiheit durch heteronomes Recht bestimmt wird, der zur Änderung seiner Ordnung der Zustimmung einer übergeordneten Instanz bedarf und sich in der Ausübung seiner Rechte von dieser kontrollieren lassen muß. Autonomie und Heteronomie bilden also das Gegensatzpaar, das bei einer Analyse der Zünfte nach ihrem rechtlichen Status in erster Linie zu berücksichtigen ist.

Daneben tritt die Frage nach dem Zwangscharakter der Innung. Sind die Gewerbetreibenden verpflichtet, irgendeiner oder einer bestimmten Zunft beizutreten, oder steht es in ihrem Belieben, dies zu tun? Hat das Abseitsstehen nachteilige Folgen, oder ist der Außenseiter gegenüber seinen korporierten Berufsgenossen gleichberechtigt, und wo findet er den Schutz seiner Interessen gegenüber der Korporation? Es scheint, als könne diese Frage das alte Handwerk nicht betreffen, weil die Zunft im alten Deutschen Reich stets eine Zwangsinnung gewesen sei. Doch wir werden sehen, daß es sehr wohl Ausnahmen gegeben hat und daß diese Ausnahmen häufiger sind als die ältere Forschung anzunehmen geneigt war.

Eng damit zusammen hängt die Frage nach dem ökonomischen Charakter der Zunft, insbesondere der Marktform, innerhalb der sich das wirtschaftliche Handeln ihrer Glieder vollzieht. Eine Zunft kann ein Zwangskartell bilden, sie kann aber auch als freiwilliges und offenes Kartell fungieren oder kartellfrei organisiert sein. Natürlich wird die Zwangsinnung stets dazu tendieren, ein Zwangskartell zu formieren, die freiwillige Innung wird zum offenen Kartell hinneigen und der Außenseiter den Wettbewerb vertreten, aber die Tendenzen können sich durchaus überschneiden, und je stärker die Heteronomie der Zünfte ist, desto öfter werden die Marktformen wechseln, in die die gesetzgebende Obrigkeit die Handwerker zwingt. Man mag die Neigung zu Monopolisierung des Marktes — durch Kartellierung sowohl des Einkaufs wie des Verkaufs — als die vorherrschende Tendenz der Zünfte bezeichnen, wichtig ist jedoch, in jedem Einzelfall sich darüber klar zu werden, in welchem Maße Wettbewerb verwirklicht und auf welche Weise er eingeschränkt war. Denn daß die historische Wirklichkeit gerade auf diesem Gebiet sehr viel reicher aussah als die Lehrer der Wirtschaftsstufen und Wirtschaftsstile vermuteten, ist eines der auffallendsten Ergebnisse der neueren Quellenforschungen[2].

Ob das Handwerk seine Produkte als Lohnwerk oder Preiswerk anbietet, ob es für einen beschränkten städtischen Markt oder für den Fernhandel produziert, sind Fragen, die schon seit längerem die Aufmerksamkeit beansprucht haben. Daß auch hier nicht so sehr verschiedene Stufen des Wirtschaftens aufeinander folgen als vielmehr mehrere typische Formen je nach Gewerbezweig, Lokalität, Rechtsordnung und Tradition nebeneinander vorkommen, steht wohl außer Zweifel, und es bleibt nur jeweils zu klären, aus welchen Gründen die eine oder andere Form des Absatzes vorherrscht. Auch die Verrechnungsarten variieren und überschneiden sich. Reste eines Naturaltausches haben sich in der handwerklichen Wirtschaft stets erhalten; vorherrschend ist jedoch eine Geldwirtschaft, in der das Geld zugleich die Rechnungseinheit ist und seinen Wert als Ware erhält, d. h. im wesentlichen durch seinen Metallgehalt. Daß aber auch Scheidemünzen umlaufen, daß in manchen Gebieten und zu manchen Zeiten nur bestimmte, sichere Geldsorten als Verrechnungseinheiten gelten, daß es verschiedene Formen des Kredits gibt, von der einfachen Stundung und Ausleihe auf Treu und Glauben über den verzinsbaren Schuldschein, die Grundschuld und die Verpfändung bis hin zu Ansätzen des bargeldlosen Zahlungsverkehrs, ist im einzelnen nicht schwer nachzuweisen, hat aber noch kaum die Aufmerksamkeit der Forschung erregt, so daß allgemeine Schlüsse sich noch nicht ziehen lassen. Viele Tausende unbeachteter Verträge, Prozesse und Abrechnungen, die sich in den städtischen und privaten, zum Teil wohl auch den staatlichen Archiven befinden, könnten Material für Untersuchungen bilden, das sich freilich nur demjenigen Historiker erschließt, dem das Wesen des Geldumlaufes und die jeweiligen Rechtsnormen und -formen vertraut sind.

Da sich die Aufgaben der Zunft nicht in der Regelung der Handwerkswirtschaft erschöpfen, gilt es, das Augenmerk auch auf die anderen Funktionen der Zünfte zu lenken. Am engsten mit der wirtschaftlichen Funktion ist die berufsordnende (arbeitsrechtliche) verbunden. Meist wird sie von der ökonomischen überhaupt nicht getrennt. Um zu einer klaren Einsicht in das Wesen der zünftigen Welt zu kommen, ist es jedoch nötig, zwischen der Zunft als Wirtschafts-

[2] Die besten Beispiele gibt wohl H. Zatschek, Handwerk und Gewerbe in Wien. Wien 1949, und Einung und Zeche. Ein Beitrag zur Geschichte des Wiener Handwerks. In: Festschrift Edmund E. Stengel, Köln/Münster 1952, S. 414 ff.

verband und als Berufsorganisation zu unterscheiden, oder, deutlicher gesagt, einen Unterschied zu machen zwischen denjenigen Funktionen, die den Wirtschaftsablauf im einzelnen, insbesondere die Preisbildung, beeinflussen und denjenigen, die sich den rechtlichen und technischen Seiten der Berufsausbildung und -ausübung widmen. Die Regelung der Lehr- und Wanderjahre, die Festsetzung des Meisterstücks, der Arbeitsnachweis, die Einstellungs- und Kündigungsvorschriften gehören hierher. Viele Aufgabenbereiche der Zunft haben sowohl eine ökonomische wie eine arbeitsrechtliche Seite, oder, anders ausgedrückt, viele Funktionen können sowohl nach ihren wirtschaftlichen wie nach ihren berufsordnenden Elementen analysiert werden und werden je nachdem ganz verschieden zu beurteilen sein. Die Einführung von Mutjahren, die vor Erwerb des Meisterrechts abzusitzen sind, mag, als berufsordnende Maßnahme betrachtet, die Ausbildung der Meister verbessern und eine strengere Auswahl ermöglichen, marktwirtschaftlich hingegen wird sie den Wettbewerb hindern und die Tendenz zum kollektiven Monopol verstärken. Bei der Beurteilung solcher Vorgänge muß man stets mehrere Seiten ins Auge fassen, denn nur selten läßt sich eindeutig feststellen, daß nur ein Motiv den Gesetzgeber bestimmt oder das Gesetz sich nur nach einer Seite ausgewirkt hat. Denn die Motive menschlichen Handelns und seine Auswirkungen sind nun einmal komplexer Natur, und die monokausale Betrachtungsweise führt meist in die Irre.

Auch die soziale Funktion der Zunft ist beträchtlich gewesen. Sowohl die Meisterzünfte wie die Gesellenbruderschaften kennen in ihren Statuten eine Anzahl von Bestimmungen, die den Handwerksgenossen und ihren Familien gewisse gegenseitige Beistandspflichten im Falle der Krankheit und des Todes auferlegen und der Zunft als Korporation die Sorgepflicht für Witwen und Waisen übertragen. Das Gewohnheitsrecht des Handwerksbrauches zwingt darüber hinaus den Lebensstil der Handwerker in bestimmte Formen und unter feste Formeln, die das Miteinanderleben der Berufsgenossen regeln, also eine sozialethische Funktion erfüllen, und will man von der sozialen Funktion eine gesellige im engeren Sinne unterscheiden, so erweist schon die Sprache die hohe Bedeutung der Geselligkeit für den Handwerkerstand. Daß das Deutsche den Handwerksburschen als den ‚Gesellen' bezeichnet, daß seine Korporation die ‚Gesellschaft' heißt und damit denselben Namen trägt wie der menschliche Verband überhaupt, sind keine Zufälligkeiten, sondern Übereinstimmungen von großem Symptomwert. Die Organisation des Handwerks ist in der Tat das Vorbild für viele andere Gesellschafts- und Verbandsbildungen geworden. Man braucht nicht nur an die Freimaurer und Illuminaten zu denken, das Lehrling-Geselle-Meister-Verhältnis hat sich auch auf andere Lebensgebiete übertragen, die Statuten der bürgerlich-geselligen Vereine sind in wesentlichen Teilen Zunft- und Bruderschaftsstatuten nachgebildet, und die Gewerkschaft hat die kollektive Wahrnehmung der Interessen der Arbeitnehmer durch solidarisches Handeln — im Ernstfall durch Ausstand, Verrufserklärungen und Ächtung — unmittelbar von den Gesellenkorporationen übernommen[3]. Von der Wissenschaft sind diese Zusammenhänge seit langem beobachtet, aber eigentlich nie im Zusammenhang dargestellt und in ihrer Bedeutung für die Soziologie voll gewürdigt worden. Schon Jean Paul hat auf die Handwerkssprache als Verjüngungsquell des Deutschen hingewiesen[4], die Brüder Grimm haben diese Erkenntnis für die etymologische Forschung verwertet und das Brauchtum der Handwerker gesammelt, und der Altmeister der historischen Soziologie, Wilhelm Heinrich Riehl, fand im Handwerkerstand neben dem Bauernstand eine Hauptsäule seiner konservativen Gesellschaftslehre.

Von nicht minderem Gewicht als der soziale Aufgabenbereich und eng an ihn gebunden ist die jurisdiktionale Funktion. In eigenen Angelegenheiten selber Recht zu sprechen, machte für das alte Handwerk geradezu den Kern seines Standesbewußtseins aus, dessen Unverletzlichkeit es gegen alle obrigkeitlichen Einmischungen energisch verteidigte. Meisterzünfte und Gesellschaften hüteten ihre Rechtsprechung mit gleicher Eifersucht, und um diesen Punkt drehen sich wie um eine Angel die meisten der ernsthafteren Konflikte zwischen Obrigkeit und Handwerk, zwischen Meistern und Gesellen. Die Aufmerksamkeit auf diesen Punkt der Handwerksverfassung zu lenken, heißt, ein wichtiges Stück der Herrschaftsstruktur des alten Deutschen Reiches in den Blick zu bekommen. Wo die Bewahrung des guten alten Rechts einen Wesensbestandteil der Sozialverfassung darstellt, muß der Kampf um die Ausübung der Rechtsprechung zu einem Machtkampf werden. Die Stärke der Position des Handwerks läßt sich deshalb fast automatisch daran ablesen, in welchem Grade es ihm gelang, bei der Schlichtung seiner Streitigkeiten die Einsprache außerhandwerklicher Behörden, sei es des Stadtrates, der Landesregierung oder der Reichsgerichte, zu verhinden. Obwohl der Grad dieser Autojurisdiktion des Handwerks wesentlich mitbestimmt wurde durch den Grad der Autonomie, die es besaß, decken sich Autonomie und Autojurisdiktion doch nicht völlig. Auf dem Umweg über die Handwerksgewohnheiten gelang es den Zünften in vielen Punkten, deren Satzung und Überwachung sich die Obrigkeit vorbehielt, eigenes Recht zu sprechen, das durch kollektive Maßnahmen, insbesondere der Gesellen, leichter erzwungen

[3] Über das Herauswachsen der Gewerkschaften aus den Gesellenbruderschaften vgl. Stadelmann-Fischer, Die Bildungswelt des deutschen Handwerkers um 1800, 2. Kapitel.

[4] *Jean Paul*, Vorschule der Ästhetik, § 83.

werden konnte als das obrigkeitliche und das im Konfliktsfall fast stets über das städtische oder territoriale Recht siegte. Wenn der preußische Kammerdirektor Hille 1723 feststellte, daß sich die Gesellen lieber wochenlang ins Gefängnis sperren ließen als eine Schmähung oder Schimpfung durch die Gesellschaft auf sich zu nehmen[5], so ist das kein Einzelfall, sondern ein durchaus typischer Befund, der in ähnlicher Weise von jeder Obrigkeit gemacht wurde. Die Rechtsprechung der Zünfte wurde dadurch zu einem Politikum erster Ordnung für den Territorial- und Stadtstaat im Deutschen Reich vor 1806.

Am stärksten war die Position der Zünfte dabei naturgemäß in denjenigen Städten, in denen sie verfassungsmäßig eine politische Stellung innehatten, vor allem in den Freien Reichsstädten. Als Träger oder Teilhaber der Stadtherrschaft konnten sie eine Funktion ausüben, die ihren Entscheidungen eine neue Autorität verlieh, die Autorität der Obrigkeit. So krönte die politische Funktion das Gebäude, das sich die Handwerker durch ihre Korporation geschaffen hatten. Allerdings gab es, zumindest im Mittelalter, in Resten jedoch bis zum Ende des alten Reiches, auch politische Funktionen für die Zukunft, die nicht eine Machtstellung bedeuteten, sondern lediglich eine Integration in den Bürgerverband der Stadt. Die Bürgerschaft konnte auch zum Zwecke der Verteidigung, der Besteuerung oder der Dienstleistung in Zünfte gegliedert sein, denen dann gewöhnlich die Handwerker mehrerer Gewebezweige, ja auch nichthandwerkliche Bürger angehörten. Sie nahmen etwa die Stellung moderner Stadtviertel ein, wie es ja überhaupt das Kennzeichen mittelalterlicher Herrschaftsstruktur im Unterschied zum modernen Flächenstaat war, daß sie das Sozialgefüge personal und korporativ gliederte. Auch diese untergeordneten politischen Funktionen der Zünfte sind wichtig, weil sie vielleicht am besten dartun, worin sich ein Sozialgebilde wie die Zunft von einem reinen Interessenverband oder einem Preiskartell unterscheidet. Daß sie den einzelnen Handwerker mit seiner Familie in allen seinen sozialen Beziehungen in den Verband der Bürger, der Stadt und damit in das große Sozialgefüge des Reiches hineinnimmt, ist ihr wichtigstes Merkmal. Wenn der soziologische Universalismus im Abendland einmal der Verwirklichung nahe war, dann war es in diesem Herrschaftssystem des alten Reiches, das nach der Heerschildordnung des frühen Mittelalters alle politischen Privilegien von der Spitze der Pyramide ausgehen und alle sozialen Beziehungen in ihr wieder zusammenlaufen ließ. Männer, die wie Justus Möser auch im 18. Jahrhundert noch einen wachen Sinn für diese gänzlich unmoderne Sozialstruktur besaßen,

[5] Gustav Schmoller, Die preußische Handwerkspolitik 1648—1806. In: Forschungen zur brandenburgischen und preußischen Geschichte I, 328.

haben daher auch darüber zu wachen versucht, daß jener soziale Universalismus der traditionalen Rechtsverhältnisse nicht aufgelöst werde in individuelle Beziehungen rationalen Charakters, wie sie die wirtschaftlichen Interessenverbände, politischen Parteien und sozialen ‚Gemeinschaften' darstellen, ohne freilich verhindern zu können, daß die größere Zweckmäßigkeit des römischen Rechts und der französischen Aufklärung den Sieg über die schwerfälligeren Formen germanischen und altdeutschen Ursprungs davontrugen, die im Laufe der Jahrhunderte die ursprünglich einfache Sozialpyramide zu einem undurchsichtigen Netz aus zahllosen Privilegien und ‚Gerechtigkeiten' verwebt hatten.

Der Umbau des mittelalterlichen Gesellschaftskosmos läßt sich besser noch als in den politischen Strukturwandlungen in der Veränderung verfolgen, die sich in der Stellung der Kirche vollzog. Ihre universale Mittelpunktslage wurde zu einer religiös-ethisch-kulturellen idealisiert. Damit verlor sie an realem politisch-sozialem Gewicht und verklärte sich zu einer geistlichen und geistigen Macht, die über den Händeln dieser Welt steht. Auch in den Wandlungen des Zunftsrechts läßt sich dieser Vorgang verfolgen. Während die ‚Normal'-Zunft des hohen Mittelalters auch kirchliche Funktionen ausübt, indem sie ihre Angehörigen zu gemeinsamen Gebeten, Wallfahrten, Opfern und Kirchendiensten verpflichtet und unter einen gemeinsamen Schutzpatron stellt, wird die Erwähnung kirchlicher Pflichten in den Handwerksstatuten der Neuzeit immer seltener, und in den protestantischen Gebieten hört sie so gut wie ganz auf. Aber auch am Ende des 18. Jahrhunderts gibt es, etwa in Österreich, noch Handwerksordnungen, die die „Beförderung der Ehre Gottes" als die „Hauptabsicht" einer Meisterzunft oder einer Gesellenbruderschaft bezeichnen und in ihren ersten Paragraphen den gemeinsamen Kirchgang und die Ordnung bei den Prozessionen regeln[6]. So kann die kirchliche Funktion der Zunft gewissermaßen als ein Gradmesser für ihren ‚historischen' Standort gelten. Sie gibt an, in welchem Maße sich ihr mittelalterlich-universaler Charakter zu einem neuzeitlich-speziellen verwandelt hat, mit anderen Worten: auf welcher Stufe der historischen Entwicklung sie steht. Daß diese Entwicklungsstufe keineswegs mit der chronologischen Zeitenfolge übereinstimmen muß, macht es notwendig, auch bei historischen Untersuchungen systematische Gesichtspunkte anzuwenden und die realen Erscheinungen idealtypisch zu durchleuchten.

Seit Max Weber ist der Idealtypus zu einem methodischen Instrument ersten Ranges in der Sozialwissenschaft geworden. Obwohl der Streit über seinen erkenntnistheoretischen (und -praktischen) Charakter noch

---

[6] Gustav Otruba, Untersuchungen über Berufsprobleme der niederösterreichischen Arbeiterschaft ... (vgl. Anm. 20), S. 353.

immer fortdauert, können wir ihn unbedenklich für die Untersuchung konkreter Probleme verwenden, ohne uns im einzelnen auf die methodologischen Auseinandersetzungen einzulassen, denn was eine Methode zu leisten vermag, kann sie im Grunde nur am konkreten Objekt beweisen. Wenn wir das Wesen der idealtypischen Betrachtungsweise darin sehen, daß sie einzelne Seiten eines komplexen Phänomens einseitig so heraushebt, daß sie in ihrer ideelen Reinheit zum Vorschein kommen, so sind wir in den vorausgegangenen Abschnitten zu einer Anzahl idealtypischer Erscheinungsformen der Zunft gelangt. Indem wir die historische Erscheinung, die unter den Namen ‚Zunft', ‚Innung', ‚Einung', ‚Gilde', ‚Amt', ‚Handwerk', ‚Gewerk', ‚Gaffel', ‚Mittel', ‚Zeche' oder ‚Bruderschaft' auftritt, nach ihrem rechtlichen Status, ihrem ökonomischen Charakter und ihren Funktionen befragt haben, sind wir auf einzelne ihrer Wesenszüge gestoßen, haben sie isoliert und dadurch eine Reihe von Idealtypen gefunden: die autonome und die heteronome Innung, die zwangskartellierte, freiwillig kartellierte und kartellfrei organisierte Zunft, das lohnwerkende und preiswerkende, das marktgebundene und fernhandelnde, das naturaltauschende und verrechnende Handwerk; die ökonomisch, berufsordnend (arbeitsrechtlich), sozial, jurisdiktional, politisch und kirchlich fungierende Zunft. Allen diesen typischen Formen gemeinsam ist, daß sie in der Wirklichkeit nicht rein vorkommen. Eine völlig autonome Zunft hat es sowenig gegeben wie eine, die überhaupt kein autonomes Reservat besaß, die sechs Funktionen begegnen alle oder in ihrer Mehrzahl in jedem historischen Handwerksverband, und in ihrer Wirtschaftsgebarung vermischen sich verschiedene Werkarten, Marktformen und Geldsysteme.

Die Frage nach dem Zwangscharakter der Zunft führt hingegen zur Auffindung von anderen Zunfttypen. Jede in der Wirklichkeit vorkommende Zunft ist entweder der Klasse der Zwangsinnungen oder der der freiwilligen Innungen zuzurechnen. Eine Ordnung der Zünfte nach solchen Gesichtspunkten bedeutet also eine Realklassifikation der Handwerkskorporationen. Das Handwerksrecht des 18. Jahrhunderts kennt den Begriff der Zwangsinnung noch nicht, so selbstverständlich erschien er um diese Zeit noch mit dem Zunftbegriff überhaupt identisch. Aber es kennt eine Reihe von Rechtsformen, die die in der Wirklichkeit vorkommenden Zünfte in verschiedene Gruppen teilen und die man daher als ‚Realtypen' der Zunft bezeichnen kann. Die wichtigsten sind die Gegensatzpaare offenes und geschlossenes, gesperrtes und ungesperrtes, geschenktes und ungeschenktes Handwerk, freie Kunst und Handwerk im engeren Sinne. Wenn wir wissen, daß ‚geschlossen' heißt, die Zahl der Meister ist festgesetzt (numerus clausus), ‚gesperrt', das Handwerk darf weder von Fremden erlernt noch in die Fremde getragen werden (Wanderverbot), ‚geschenkt', die Meister sind verpflichtet, dem Wanderburschen eine bestimmte Summe Geldes zu überreichen (Geschenkpflicht), ‚freie Kunst', die Meisterprüfung ist zur Niederlassung nicht nötig: so können wir jedes beliebige Handwerk zu jeder beliebigen Zeit in eine der acht Gruppen einordnen. Je nachdem, nach welchen Gesichtspunkten man den Gegenstand betrachtet, lassen sich noch andere realtypische Zunftformen finden. Man kann die Zünfte z. B. danach einteilen, ob sie lokal, territorial oder überterritorial organisiert sind, ob sie den Begriff der Haupt- und Nebenladen kennen, d. h. die Zünfte gewisser Städte anderen überordnen, oder ob sie, etwa bei den Maurern, ‚Grüßer' oder ‚Briefträger' sind.

Beide Arten der Systematisierung, die idealtypische Isolation und die reale Klassifikation, erleichtern eine Diskussion von Handwerksrecht und -wirtschaft, weil sie die Voraussetzungen schaffen, um die Wesenszüge eines so komplexen historisch-soziologischen Gebildes, wie es die alten Handwerkskorporationen gewesen sind, sichtbar werden zu lassen. Wenn bisher und im folgenden diese Korporationen im allgemeinen kurz als Zünfte bezeichnet werden, soweit die Meisterorganisationen gemeint sind, und als Bruderschaften, soweit von Gesellenorganisationen die Rede ist, so heißt das nicht, daß diejenigen Verbände, die sich Amt, Zeche, Gaffel, Gewerk, Handwerk, Gilde, Mittel, Innung oder Einung nannten, unberücksichtigt bleiben. Alle diese Namen können Synonyma sein, können aber auch sehr Verschiedenes bezeichnen, wie Zatschek neuerdings für Zeche und Einung im mittelalterlichen Wien nachgewiesen hat[7], und es ist in jedem Einzelfall genau zu prüfen, welche Organisationsform sich mit dem historischen Begriff verbindet. Gerade dafür aber können die methodischen Hilfsmittel der Ideal- und Realtypen von großem Nutzen sein.

---

[7] H. Zatschek, Einung und Zeche. In: Festschrift Edmund E. Stengel, S. 414 ff.

I. Das Handwerksrecht im alten Deutschen Reich

A. Das Reichsrecht

Das Grundgesetz des deutschen Handwerks im 18. Jahrhundert ist der Reichsabschied von 1731, der eine Reichszunftordnung setzte[8]. Auf ihm baute sich die Territorialgesetzgebung für mehr als ein Jahrhundert auf, und er muß daher den Ausgangspunkt für eine Analyse des Handwerksrechts der letzten Phase des alten Deutschen Reiches bilden. Grundsätzlich Neues brachte das Gesetz kaum. Das Verbot verschiedener Handwerksbräuche, insbesondere des Scheltens und Auftreibens, war schon seit Jahrhunderten der Gegenstand der Reichspolizeiordnungen gewesen, einiges wurde wörtlich von dem Gutachten übernommen, das dem Reichstag im letzten Drittel des 17. Jahrhunderts vorgelegen hatte, aber nie verabschiedet worden war, und die Grundtendenz war die gleiche geblieben wie in den früheren Polizeiordnungen: die obrigkeitliche Aufsicht über das Handwerk sollte verstärkt werden. Dem diente vor allem die einzige wirkliche Neuerung, die das Gesetz brachte, die Einführung eines Wanderausweises, der „Kundschaft". Dadurch, daß die Geburtsurkunde und der Lehrbrief bis zum Erwerb der Meisterschaft in der Lade des Heimatortes bleiben und der Wanderbursche an jedem Arbeitsplatz eine Kundschaft als Arbeitsnachweis erhalten mußte, sollte eine Kontrolle über die wandernden Gesellen ermöglicht und ihnen das Schelten und Auftreiben unmöglich gemacht werden, denn der schwere Aufstand und Auszug der Augusburger Schuhknechte von 1724 war ja der Anstoß für den Erlaß des Gesetzes gewesen. Die Kundschaft hat sich auch im Laufe des Jahrhunderts beim Handwerk eingebürgert, obwohl die Gesellen den zünftigen Gruß immer noch als die eigentliche Legitimation ansahen, und insofern ist das Reichsgesetz von 1731 wirklich von un-

[8] Die Entstehung des Gesetzes ist zuerst von Moritz Meyer und Gustav Schmoller in ihren Geschichten der preußischen Handwerkspolitik dargestellt und seitdem oft wiedererzählt worden. Ein Abdruck des Gesetzes findet sich neben den Gesetzessammlungen von Mylius (Corpus Constitutionum Marchicarum V, II, 765) und Gerstlacher (Handbuch der teutschen Reichsgesetze, 1791, Bd. X, S. 1991 ff.) in den meisten Darstellungen der deutschen Handwerksgeschichte. Bequem zugänglich ist es z. B. bei Rudolf Wissel, Des alten Handwerks Recht und Gewohnheit, 2Bde. Berlin 1929, neuerdings bei Hans Proesler, Das gesamtdeutsche Handwerk im Spiegel der Reichsgesetzgebung von 1530 bis 1806, Berlin 1954.

mittelbarer Wirkung gewesen. Mehr jedoch hat es mittelbar gewirkt, indem es den energischeren Einzelstaaten, insbesondere Preußen, die rechtliche Handhabe für ihr eigenes Vorgehen gab und eine Fülle von territorialen Handwerksgesetzen und neuen Handwerksstatuten nach sich zog. Denn die Durchführung des Gesetzes oblag den kreisausschreibenden Fürsten als Exekutoren des Reichswillens, im Grunde aber hing sie von den Territorialherren und städtischen Räten ab, die auf den Beschluß des Reichstages sehr verschieden reagierten. Sachsen publizierte das Reichsgesetz sofort und setzte es damit in seinem Territorium in Kraft. Preußen versuchte zunächst, die Nachbarn oder alle Reichsstände zu gemeinsamem Vorgehen zu bewegen. Da diese Versuche fehlschlugen, setzte man schon im nächsten Jahr eine Kommission ein, die die Zunftartikel gemäß den neuen Bestimmungen zu revidieren hatte, und in den Jahren 1734 bis 1736 wurden eine Reihe von „General-Privilegia" für die einzelnen Handwerke erlassen, welche sich untereinander stark ähnelten. Einzelne Beamte gingen mit besonderem Eifer vor. Der kurmärkische Kammerdirektor Hille ließ die Laden, die Korrespondenzen, die schwarzen Tafeln und Fahnen der Gesellen beschlagnahmen und meldete stolz nach Berlin, daß „die hiesige Gesellen solche ihre ehemaligen Götzen bereits in aller Gelassenheit aufs Rathaus gebracht und abgeliefert haben"[9]. In Österreich wurde die Zunftordnung nicht als Reichsgesetz, sondern als Landesgesetz in Form einer Generalhandwerksordnung verkündet und die Handwerkspatente im Laufe der Zeit ihr angepaßt. Die anderen Territorien gingen langsam und mit Einschränkungen vor. Ein „General-Zunftartikel" von 1760 führte die Reichszunftordnung teilweise in der Markgrafschaft Baden ein. Württemberg, Kurhessen und Braunschweig folgten. 1772 schärfte ein kaiserliches Dekret die Reichszunftordnung erneut ein und ergänzte sie, indem es die Beschränkung der Gesellen- und Lehrlingszahl aufhob, die Abdeckerkinder für ehrlich erklärte und weibliche Arbeitskräfte in verschiedenen Gewerben, besonders den Webereien, zuließ. Aber um diese Zeit war der Reichsabschied, der nun schon vierzig Jahre alt war, in vielen Reichsstädten überhaupt noch nicht oder „nicht gehörig" publiziert worden und daher nicht gültig; wirksam war er so gut wie nirgends. Außer dem Artikel über die Kundschaften setzte sich kaum eine Bestimmung des Gesetzes durch. Zeitgenossen urteilten, daß vielleicht kein Gesetz in Deutschland weniger ausgeführt werde als die Reichszunftordnung[10].

---

[9] Schmoller in Forschg. z. brandbg. u. preuß. Geschichte I, 328.

[10] Jacob Gottlieb Sieber, Abhandlung von den Schwierigkeiten, in den Reichsstädten das Reichsgesetz vom 16. August 1731 wegen der Mißbräuche bey den Zünften zu vollziehen. Goslar und Leipzig 1771, S. 2. Johann Friedrich Christoph Weisser, Das Recht der Handwerker. Stuttgart 1780, S. 76 ff.

Die Frage nach den Gründen für dieses Versagen der Reichs- (und Territorial-) Gesetzgebung gegenüber dem Handwerkerstand führt tief in Probleme der politischen, sozialen und geistigen Ordnung Alteuropas hinein. Eine Analyse der Reichszunftordnung und einiger auf sie folgender Territorialgesetze und Zunftstatuten und eine Auswahl klassischer Rechtsstreitigkeiten wird diese Probleme sofort sichtbar machen. Das Gegeneinander von Obrigkeit und Korporation, von staatlichem Recht und Standessitte ist das Thema, das hier angeschlagen wird. Im Ringen dieser beiden Mächte hat der Handwerkerstand zwischen Mittelalter und industrieller Revolution seine Gestalt angenommen.

Der Reichsabschied von 1731 ist der letzte große Versuch des alten Reiches, die Autonomie der Handwerkerkorporationen zu brechen. Handwerksrecht ist heteronomes Recht, von der Obrigkeit gesetzt, überwacht und durchgeführt, das ist die Basis, auf der die Reichszunftordnung steht. Alle „Handwerks-Artickel, Gebräuche und Gewohnheiten“, die von den Handwerkern selbst, seien es Meister oder Gesellen, ohne obrigkeitliche „Erlaubnis, Approbation und Confirmation“ aufgestellt worden sind oder in Zukunft aufgestellt werden, sollen „null, nichtig, ungültig und unkräftig“ sein. Nur die Obrigkeit kann Zunftrecht setzen. Die Schwäche dieser Position ist, daß den Zünften die Initiative bei der Gesetzgebung bleibt. Die Autonomie wird nicht aufgehoben, sondern nur eingeschränkt. Die Statuten und Gewohnheiten müssen von der Obrigkeit „confirmiret und bekräftiget“ werden, aber die Zünfte „passiren“ sie zuvor. Damit bleibt der Obrigkeit nur das Bestätigungsrecht. Aber die Handwerker dürfen keine Versammlung „ohne Vorwissen ihrer ordentlichen Obrigkeit“ abhalten, und diese kann in jede Versammlung einen Deputierten senden. Dieses Aufsichtsrecht gibt den Behörden doch die Möglichkeit, in allen Handwerksangelegenheiten von Anfang an mitzusprechen.

Verstärkt wird das heteronome Element im Handwerksrecht dadurch, daß den Zünften jede jurisdiktionale Funktion abgesprochen wird. Untersuchungen über Handwerksvergehen durchzuführen, Urteile zu fällen und Strafen auszusprechen, steht allein der Obrigkeit zu. Die Zünfte und einzelnen Handwerker haben die Vergehen gegen Recht und Sitte lediglich zu melden. Die geringen Handwerksstrafen, Geldbußen bis zu zwei Gulden, die bisher nach den meisten Statuten den Zünften in den Morgensprachen zu entscheiden vorbehalten geblieben waren, haben nun der Obermeister oder Beamte der Zunft zusammen mit dem obrigkeitlichen Deputierten zu erlassen, und schwerere Strafen können nur von der ordentlichen Ortsobrigkeit ausgesprochen werden. Die Strafen des handwerklichen Gewohnheitsrechts vollends, das Schelten, Auftreiben und Legen des Handwerks werden als ungesetzlich erklärt. Vor allem den Gesellen wird das Recht, eigene Strafen zu verhängen, abgesprochen und den Zuwiderhandelnden werden schwere Gefängnis-, Zuchthaus- und Festungsstrafen angedroht. Hier lag einer der Kernpunkte, den der Reichsabschied anzugehen hatte. Von allen „Handwerksmißbräuchen" war die korporative Strafgewalt die gefährlichste. Wenn es für die Handwerker das Kennzeichen eines freien Standes bedeutete, eigene Gerichtsbarkeit zu besitzen, so war es für den heraufkommenden Staat ein Merkmal seiner Staatlichkeit, die Rechtsprechung ausschließlich zu handhaben. Wer seine Gesetze nicht durchsetzen kann, hat keine Autorität. Und die größere Durchsetzungskraft lag ohne Zweifel bei den Korporationen, insbesondere jenen, deren Organisation sich über das ganze Reich erstreckte. Deshalb versuchte das Reichsgesetz, diese Organisationen zu zerschlagen. Die unmittelbare Korrespondenz der Zünfte und Bruderschaften untereinander, schriftlich sowohl wie durch Kuriere, wird untersagt. Jeder Briefverkehr hat über die obrigkeitlichen Behörden zu gehen, und jeder Kurier muß eine obrigkeitliche Erlaubnis bei sich führen. Den Gesellenbruderschaften wird verboten, ein besonderes Siegel zu führen, sie sind ein Teil der Zunft und dürfen nur durch die Meister und über die Obrigkeit miteinander in Verbindung treten. Vor allem aber wird die überterritoriale Organisation der einzelnen Gewerbezweige, die Gliederung in Haupt- und Nebenladen und die besondere Gerichtsbarkeit der Hauptladen „gäntzlich vernichtiget, aufgehoben und abgethan" und das Recht, Zünfte und Laden einzurichten, ihnen Gesetze zu geben und die Gerichtsbarkeit auzuüben, ausschließlich den Landesherren übertragen. Damit soll die Sitte ausgerottet werden, in Handwerkstreitigkeiten eine sogenannte „Handwercks-Erkänntnis" aus „dreier Herren Länder" herbeizuführen, die zu erteilen in den meisten Gewerben einigen wenigen Zünften vorbehalten war. Denn diese Eigenschaft, Schiedsgerichts- bzw. Berufungsinstanz in der Zunftgerichtsbarkeit zu sein, gab den Hauptladen jene Macht über die einzelnen Zünfte, die auszuüben die staatliche Obrigkeit sich vorzubehalten wünschte.

Es paßt zu dem Geist dieses Gesetzes, daß es eine politische Funktion der Zunft gar nicht kennt, obwohl sie doch in den Reichsstädten noch tatsächlich vorhanden war. Daß der Reichsabschied sie überhaupt nicht erwähnt, zeugt davon, wie sehr er dem Bedürfnis der Territorialherren angepaßt ist, die ihn veranlaßt und durchgesetzt haben. Das Bild von der Zunft ist nicht mehr das eines universalen Sozialgebildes, das an bestimmter Stelle in eine Herrschaftspyramide eingefügt ist, sondern es nähert sich dem eines Interessen- oder Berufsverbandes, der die Angehörigen des gleichen Gewerbezweiges zur Wahrnehmung ihrer inneren Angelegenheiten korporiert, aber ihnen damit keine hoheitlichen Befugnisse überträgt. In moderner Terminologie: der zivilrechtliche Charakter der Zunft wird stark betont und der öffentlich-rechtliche zurückgedrängt. Aus demselben Grunde weiß das Gesetz auch nichts von einer kirchlichen Funktion. Die protestantisch-preußische Auffassung des Zunftrechts hat sich durchgesetzt. Zwar werden die Zünfte in den katholischen Territorien zum großen Teil an ihrer mittelalterlichen Funktionsfülle festhalten, aber im generellen Reichsrecht ist sie verloren gegangen.

Man könnte gegen diese Interpretation einwenden, daß der Reichsabschied von 1731 sich gegen die Mißbräuche der Zunft wendet und daher nur erwähnt, was nicht gelten soll. Das ist sicher richtig. Es ist jedoch unwahrscheinlich, daß die politischen und kirchlichen Funktionen frei von Mißbräuchen geblieben wäre, wenn sie für die Zunft noch eine Bedeutung gehabt hätten. Gerade in diesen Funktionen hätten die Handwerker ihre Standeswürde mit dem Hinweis auf das gute alte Recht verteidigen können. Wenn sie es, zumindest in den Territorien, die die Initiatoren der Reichszunftordnung wurden, nicht oder nicht in auffallendem Maße taten, so läßt das darauf schließen, daß auch für die Zünfte selbst die politischen und kirchlichen Funktionen unwichtig geworden, daß sie auch in ihrem Selbstverständnis eingeschrumpft waren zu beruflichen Standesvertretungen.

Die Kenner der lokalen Verhältnisse könnten gegen diesen Satz von verschiedenen Seiten her Widerspruch erheben, und in der Tat wäre es verfehlt, ihn auf alle Gegenden und alle Zünfte gleichermaßen anwenden zu wollen. Es ist nicht zu übersehen, daß gerade in vielen älteren und wichtigeren Handwerkerstädten die Zünfte noch im Vollbewußtsein ihrer universalen Stellung politische und kirchliche Aufgaben ausübten und auf diesen Rechten ebenso entschieden beharrten wie auf der autonomen Gestaltung der beruflichen Sphäre. Aber im Gesamtbild vom deutschen Handwerk des 18. Jahrhunderts erscheinen sie doch nur noch als vereinzelte, fast anachronistische Farbkleckse. Bei einer kartographischen Darstellung des Handwerksrechts würden sie die Buntscheckigkeit vergrößern, die sich für eine Handwerkskarte ebenso wie für die politische Landkarte Mitteleuropas ergibt. Doch das darf nicht darüber hinwegtäuschen, daß hinter der Verschiedenartigkeit der Farben ein sehr einheitlich getönter Geist und eine fast unheimlich uniform wirkende Standessitte sich verbergen. Jener irreführende Eindruck kann nur entstehen, weil die geometrische Darstellung des Kartenbildes die moderne Flächenhaftigkeit der Staatsgrenzen und Rechtssphären voraussetzt. Wo aber die Herrschaftsverhältnisse sich in einem System von Einzel- und Sonderrechten verschachteln, können die Uniformität und Differenzierung nicht zweidimensional dargestellt werden. Die unübersehbare Verschiedenheit der Einzelformen auf der Oberfläche ruht auf einigen wenigen typischen Grundformen auf.

Im Handwerksrecht lassen sich diese Grundformen besonders deutlich an der sozialen und der berufsordnenden Funktion der Zünfte zeigen. Die ungezählten Einzelbestimmungen, die sich in den Zunftstatuten finden, haben fast stets und überall die gleichen Voraussetzungen. Daß es den Zünften obliegt, für die ‚Nahrung' aller ihrer Mitglieder und deren Angehörigen zu sorgen, daß sie über das sittliche Wohlverhalten zu wachen und in bestimmten Formen und Formeln einen standeseigenen Ehrenkodex zu erhalten haben, daß die Aufnahme, Ausbildung und Gewerbeausübung zu regeln ist, dies gibt die gemeinsamen Grundlagen, auf denen sich Tausende von Zunftordnungen aufbauen. Da hierin die Aufgabe der Zünfte zentrieren, ist hier auch der Ort, an dem sich die „Mißbräuche" der Handwerker häufen. Der Reichsabschied von 1731 widmet ihnen bei weitem den größten Raum. Die Autonomie und Jurisdiktion der Zünfte, die er bekämpft, bezieht sich vor allem auf ihre soziale und berufsordnende Funktion. Es soll den Meistern und mehr noch den Gesellen verwehrt sein zu bestimmen, wer sich ‚unehrbar' aufführt und wie diese Unehrbarkeit zu bestrafen ist. Es soll ihnen verwehrt sein, festzulegen, unter welchen Bedingungen ein Junge Lehrling, Geselle und Meister werden darf, wie sich das Arbeitsverhältnis zwischen Arbeitgeber und Arbeitnehmer im Handwerk zu gestalten hat und wo die Instanz zu suchen ist, die in Streitfragen entscheidet. Während sich das Gesetz auf sozialem Gebiet darauf beschränkt, die handwerkliche Sittenpolizei und die geselligen Bräuche der Handwerksburschen bei der Freisprechung und auf der Wanderschaft zu verbieten, setzt es in seinen Hauptteilen die Grundzüge einer allgemeinen Berufsordnung des Handwerks. Außer den Schindern, deren Kindern und den nichtlegitimierten unehelich Geborenen darf ein jeder Junge ein Handwerk lernen. Die einmal ausgestandene Lehrzeit ist überall anzuerkennen. Dem mit einer Abschrift des Geburts- und Lehrbriefes versehenen Gesellen ist auf seiner Wanderschaft für jede geleistete Arbeit eine Arbeitsbescheinigung auszustellen. Bei dem Erwerb der Meisterschaft hat der fremde Geselle, auch der verheiratete, die gleichen Chancen, ohne Mutjahre, Einkauf in die Zunft oder Heirat einer Meisterswitwe in die Zunft aufgenommen zu werden wie der Meistersohn. Niemandem dürfen Wanderjahre und Meisterstück erlassen, verkürzt oder erleichtert werden. Die Zahl der einem Meister zustehenden Gesellen darf nicht beschränkt werden. Ein einmal eingezünfteter Meister ist bei einem Ortswechsel gegen Bezahlung einer Einschreibgebühr ohne weiteres in die dortige Zunft aufzunehmen, und den Reichsständen bleibt es vorbehalten, einzelnen „guten Arbeitern oder Künstlern" das Bürger- und Meisterrecht „auch wider der Zunft willen" zu erteilen.

Damit versucht die Reichszunftordnung, unter Beibehaltung der strengen und für jedes Gewerbe besonders geregelten Berufsausbildung, Wettbewerb im Handwerk herzustellen. Wenn es verboten ist, die Zünfte zu schließen und Meistersöhnen Vorteile beim Eintritt zu gewähren, ist eine Startgleichheit hergestellt, die dem Tüchtigen das Tor öffnet; wenn die Gesellenzahl unbeschränkt ist, steht ihm nichts im Wege, seinen Betrieb beliebig auszudehnen; wenn er seinen Wohnort wechseln kann, ohne sein Zunftrecht zu verlieren, besteht Freizügigkeit, wenigstens zwischen Städten; und wenn die Obrigkeit die Möglichkeit hat, Freimeister zuzulassen, ist das Prinzip der Zwangsinnung durchbrochen. Ein moderner, fast liberaler Geist offenbart sich da, der in die Lehre vom Merkantilismus als der alle Wirtschaftsäußerungen vom Staat her und zum Staat hin regulierenden Wirtschaftspolitik so wenig passen will wie das Gefüge des alten Reichs in die Staatslehre der Juristen. Das Handwerk darf sich innerhalb bestimmter Berufsregeln frei entfalten. Für den ausgewiesenen Fachmann besteht Niederlassungs- und Expansionsfreiheit in den Städten des ganzen Reiches.

Auch die Wirtschaftsgebarung der Handwerker wird im Sinne des Wettbewerbs geregelt. Das Reichsgesetz enthält eine klares Kartellverbot (XIII, 3). Die Vereinbarung eines bestimmten Preises für die handwerkliche Arbeit wird zum Mißbrauch erklärt und „abgestellet". Weder der Warenpreis noch der Tagelohn darf von der Zunft festgesetzt werden. Auch die wettbewerbsbeschränkenden Gebräuche, daß ein Handwerker weder die Arbeit eines anderen fortsetzen noch fertiggekaufte Handwerksprodukte montieren darf, werden zu den Mißbräuchen gezählt und daher verboten. Für die Obrigkeit bleibt allerdings die Möglichkeit bestehen, die Preise, zumindest des Tage- und Gesindelohns, festzusetzen, ja den Reichsständen und -kreisen wird sogar empfohlen, gemeinsame Tax- und Gesindeordnungen auszuarbeiten. Der in freiem Wettbewerb ordnungsgemäß ausgebildeter geprüfter und zugelassener Handwerksmeister zustandekommende Preis — möglicherweise bei staatlichen Korrekturen nach unten in gewissen ‚Daten' wie dem Gesindelohn — soll das regulierende Prinzip der Handwerkswirtschaft sein. Der Reichsabschied von 1731 sieht also in den Zünften heteronome Zwangsinnungen — mit Ausnahmerecht für einzelne — von wesentlich berufsordnender (und sozialer) Funktion und kartellfreier Wirtschaftsgebarung. Damit schafft er in der Tat, wie das schon von Schmoller gesehen worden ist, die Grundlage für das Handwerksrecht auch des 19. Jahrhunderts: Noch 1841 ruft der Senat von Bremen die Reichszunftordnung von 1731 ins Gedächtnis zurück und verweist auf ihre ungebrochene Gültigkeit. Die Umwandlung der durch zahlreiche Ausnahmen ohnehin fragwürdig gewordenen Zwangsinnung in eine freiwillige Innung, die Ausdehnung der Freizügigkeit aufs Land, die Einschränkung der berufsordnenden Funktion und die Vereinfachung der Berufsordnung selbst (bis hin zur Abschaffung des Befähigungsnachweises) werden die wesentlichen Punkte sein, die die Gewerbefreiheit des 19. Jahrhunderts zu dem Reichsgesetz des 18. Jahrhunderts hinzufügen wird. In einem mißverstandenen Liberalismus wird sie auf die Kartellfrage kein Gewicht mehr legen und damit die Grundlage zu einer neuen monopolistischen Verfilzung der Wirtschaftsordnung schaffen, nachdem sie sie eben erst von dem kollektiven Monopol der Zunftstuben und Rathäuser befreit hatte.

B. Das Territorialrecht

Um das Handwerksrecht des 18. Jahrhunderts in seiner Wirksamkeit beurteilen zu können, muß man von diesem reichseinheitlichen ‚Grundgesetz' aus stufenweise bis zu den Statuten eines Handwerks in einer einzelnen Stadt vordringen. Die nächste Stufe bilden die Landesgesetze. Einige Territorien begnügten sich damit, das Reichsgesetz zu verkünden und sonst alles beim alten zu lassen. Die beiden größten Staaten aber, Österreich und Preußen, nahmen die Gelegenheit wahr, um die Ordnungen der Gewerbezweige und Lokalzünfte zu reformieren. Die preußische Verwaltung machte sich die Mühe, nach „Anleitung des Reichsgesetzes" eine allgemeine Handwerksordnung auszuarbeiten und für jeden Gewerbezweig ein Generalprivilegium zu verfassen. Sie sollen als ein Beispiel territorialer Handwerksgesetzgebung hier analysiert werden[11].

Die Handwerksordnung überträgt das Reichsgesetz aus der ungefügen Langatmigkeit, die ihm der Reichstag gegeben hatte, in eine klare, gegliederte Gesetzessprache und macht damit eine korrekte juristische Interpretation und praktische Handhabung überhaupt erst möglich. Der Reichsabschied war aus vielerlei Gutachten und Bedenken zusammengestückelt worden und hatte stellenweise einfach die Aufzählung von Handwerksmißbräuchen, wie sie dem Reichstag etwa von der sächsischen Kanzlei zuging, wörtlich übernommen. Schon in Form und Sprache verriet er die sprichwörtliche Energielosigkeit, die den staatlichen Äußerungen des Deutschen Reiches eigentümlich war. Er mußte erst in den Werkstätten eines ‚modernen' Staates einge-

---

[11] Die „General-Privilegia" sind abgedruckt in einem Anhang der zweiten Abteilung des fünften Bandes des Corpus Constitutionum Marchicarum (Mylius). Zum folgenden vgl. Schmoller in Forschg. z. brandenb. u. preuß. Geschichte I, 342 ff.

schmolzen und neu gegossen werden, um als ein brauchbares Werkzeug gelten zu können. Diejenigen Territorien, die dazu nicht in der Lage waren, hatten erst recht nicht die Kräfte, seine Ausführung durchzusetzen.

Das Kernstück der preußischen Handwerksgesetzgebung bilden jedoch die 61 Generalprivilegien, die zwischen 1734 und 1736 von der eigens dazu eingesetzten Kommission fertiggestellt wurden. Sie treten an die Stelle der alten Lokalprivivilegien der Zünfte und machen so ernst mit dem Grundsatz des heteronomen Handwerksrechts: die Statuten eines Handwerks sind nicht mehr je und je zwischen Korporation und städtischem Rat ausgehandelte Sonderrechte, sondern vom Staat gesetzte Gewerbeordnungen, die in gleicher Weise im ganzen Land gelten.

Für die Ausführung des Reichsgesetzes in Preußen ist charakteristisch, wie die Handwerksordnung und die -privilegien den Reichsabschied konkretisieren und detaillieren. Wenn der Reichsabschied in seinem ersten Abschnitt davon spricht, daß die Obrigkeiten das Recht haben, einen Beamten in jede Zunftversammlung abzuordnen, so verfügt die preußische Handwerksordnung, daß keine Handwerksversammlung stattfinden dürfe ohne Anwesenheit des Ratsbeisitzers; wenn das Reich den Handwerkern die eigenmächtige Aufrichtung von Innungsartikeln untersagt, so verordnet Preußen, daß der Magistrat die Älterleute der Gewerbe auf die obrigkeitlich gesetzten Zunftartikel vereidigt und alle Zunftmitglieder durch Handschlag auf sie verpflichtet; wenn die Reichszunftordnung bestimmt, daß die Aufding-, Lehr-, Lossprech- und Meisterkosten „aller Orten von der Obrigkeit“ nach Möglichkeit festgesetzt werden sollen, so schreiben die preußischen Generalprivilegien in der Tat die Beiträge und Ausgaben genau vor und ziehen der Finanzgebarung der Zünfte feste Grenzen. So kann man wohl die preußische Handwerksgesetzgebung des 18. Jahrhunderts als die beste und konsequenteste Ausführung des Reichsgesetzes von 1731 bezeichnen.

Gleich dem Reichsgesetz legt auch sie ein Hauptaugenmerk auf die Beschränkung der zünftlerischen Jurisdiktion. Auch hier führt sie den Reichsabschied bis zur äußersten Konsequenz durch. Dort war in der dem Gesetz eigenen Dehnbarkeit die Möglichkeit offengelassen, daß die Zünfte Handwerksstrafen bis zu zwei Gulden weiterhin selbst verhängen dürften. Die preußischen Innungsstatuten nehmen ihnen jede Strafgewalt mit Ausnahme einiger weniger in den Rollen besonders zu vermerkender Disziplinarstrafen, etwa vier bis sechs Groschen für das Zuspätkommen bei der Morgensprache. Geldstrafen wegen unlauterer Konkurrenz, schlechter Arbeit, Überschreitung der Lieferfristen oder Betrügereien am Gewicht der Ware, die in der

Höhe bis zu zwanzig Talern verhängt werden, kann nur der Magistrat aussprechen. Auch Klagen und Beschwerden in Handwerkssachen sind nicht mehr der zur Morgensprache versammelten Meisterschaft, sondern den Ratsverordneten und Älterleuten vorzubringen, und über die Bestimmungen des Reichsgesetzes hinaus verbietet das preußische Handwerksrecht den Zünften jede eigene Justiz gegenüber den Pfuschern. Symptomatisch für das staatliche Gewerberecht des 18. Jahrhunderts ist die Rolle, die es der Morgensprache des Handwerks zuweist. Sie bleibt die offizielle Versammlung der Zunft, zu der jeder Meister zu erscheinen verpflichtet ist und bei der die neuen Meister eingeführt, die Älterleute gewählt und die Kassen geprüft werden. Aber sie hat keine richterlichen Befugnisse mehr, wenn man von der geringen Disziplinargewalt, besonders gegenüber Gesellen und Lehrlingen, absieht. Eine Verharmlosung der Zunftfunktionen, wenn man so will, ist es also, was das Gewerberecht des rationaler werdenden Staates dem Handwerk bringt.

Ob die Charakterisierung des preußischen Gewerberechts als die beste und konsequenteste Ausführung des Reichsabschieds zu Recht besteht, muß sich daran erweisen, wie es die dort niedergelegten Grundzüge der handwerklichen Berufsordnung interpretiert und ausführt. Daß die preußische Kommission ihrer Ausarbeitung besondere Aufmerksamkeit gewidmet hat, geht schon daraus hervor, daß sie die entsprechenden Artikel der Generalprivilegien für die einzelnen Gewerbe teilweise sehr verschieden gestaltete. Daß eine feste Berufsordnung für das Handwerk bestehen müsse und die Zunft die geeignete Institution ihrer Verwirklichung sei, ist im Gegensatz zu der Reformgesetzgebung am Beginn des 19. Jahrhunderts grundsätzlich anerkannt. So wie jedoch die Autonomie der Zünfte beschnitten wird, wird auch ihre berufsordnende Funktion eingeschränkt und der Staatsaufsicht unterworfen. Die Zunft haftet dem Staat gegenüber für die Ausbildung des Handwerksnachwuchses und die Versorgung des Publikums mit quantitativ und qualitativ genügender Ware. Die Anforderungen, die dabei gestellt werden, bestimmt die Obrigkeit. Von ihr, nicht vom Handwerk, wird der Meister zur Rechenschaft gezogen, wenn er seinen Lehrjungen ohne Anleitung läßt, am Gewicht der Ware betrügt oder über das ihm zustehende Arbeitsgebiet hinausgreift. Nur untergeordnete Funktionen, wie die Verteilung der Stände beim Markt und die Reihenfolge des Brezelbackens, bleiben den Meistern selbst überlassen. Allerdings wahren sie ihr wichtigstes Recht, das der Meisterprüfung und Anerkennung des Meisterstücks. Doch auch hier werden der Gang der Prüfung und die anzufertigenden Meisterarbeiten in den Generalprivilegien vom Staat festgesetzt, und in Streitfällen entscheidet der Magistrat, der das Recht hat, fremde Fachkenner zu Rate zu ziehen.

Gänzlich außerhalb des Zuständigkeitsbereiches der Zunft aber liegt es, das Handwerk zu schließen oder zu öffnen. Wenn das Reichsgesetz die geschlossene Zunft schlechtweg als Mißbrauch deklarierte, so machte Preußen hier Zugeständnisse. Nicht alle Zünfte wurden geöffnet. Bei der Diskussion dieser Frage in der Handwerkskommission einigte man sich darauf, für diejenigen Handwerke, die der Befriedigung eines lokalen Bedarfs dienen, besonders die Bäcker und Fleischer, den numerus clausus zu gestatten, bei allen anderen Handwerken, vor allem denen, die marktgängige Waren herstellen, die Meisterzahl jedoch offen zu lassen[12]. So bleibt die Zunft der Schlächter in Berlin geschlossen, und die Schließung der Bäckerzunft wird in Aussicht gestellt, sobald das Wachstum der Stadt nachlasse; bei den Bäckerzünften in anderen Städten bleibt es beim Herkommen. Unter den gleichen Gesichtspunkten wird die Zahl der Gesellen für das eine Gewerbe freigegeben, für das andere festgesetzt, auch hier in freier Auslegung des Reichsgesetzes, das die Festsetzung der Gesellenzahl unter die Mißbräuche rechnete, freilich eigentlich nur, wenn sie vom Handwerk selbst verfügt wurde. Bemerkenswert dabei ist, daß gerade in den geschlossenen Handwerken die Gesellenzahl freigegeben wird, so daß eine Anpassung an saisonale und konjunkturelle Schwankungen des Bedarfs leichter stattfinden kann. Bei den Schlächtern und Bäckern z. B. ist es grundsätzlich jedem Meister erlaubt, so viele Gesellen zu beschäftigen, als er zur Erledigung seiner Arbeit benötigt. Gänzlich freigegeben ist die Gesellenzahl auch bei den Gewerben, die auf Lager und für auswärtige Märkte arbeiten können, z. B. den Täschnern oder den Feilenhauern. Diejenigen Handwerke, die wesentlich auf den lokalen Markt angewiesen sind, aber eine offene Meisterzahl haben, müssen sich dagegen eine Beschränkung ihrer Gesellenzahl gefallen lassen. So dürfen die Hufschmiede drei Gesellen und einen Lehrjungen, die Stellmacher, Seiler und Schuhmacher drei bis vier Gesellen und einen Lehrling beschäftigen. Bei den Schornsteinfegern steht es jedem Magistrat frei, die Meisterzahl festzusetzen, Gesellen hingegen darf jeder Meister so viele halten, „als er zur Betreibung seiner Arbeit brauchet"[13].

Besonders ins Detail gehen die Bestimmungen für die Berliner Maurer. Solange an der Friedrichstadt gebaut wird, stehen jedem Meister bis zu fünfzig Gesellen zu, später dreißig bis vierzig. Denn der Meister soll nicht zu viele Aufträge gleichzeitig ausführen können,

---

[12] Carl Hinrichs, Die Wollindustrie in Preußen unter Friedrich Wilhelm I., Berlin 1933, S. 14.

[13] Mylius, Corpus Const. March. V, II, Anhang S. 264.

damit er die Übersicht nicht verliert, und „ein oder zwey Meister die beste Nahrung allein haben“[14]. Um die Einhaltung dieser Bestimmungen zu garantieren, müssen die Meister jedes Quartal dem Altmeister eine Aufstellung ihrer Beschäftigten einschicken. Zur Arbeit auf dem Lande aber kann sich jeder Meister mit Genehmigung des Altmeisters zusätzlich Gesellen verschreiben. Ausgenommen von der Beschränkung ist nur der Hof- und Ratsmaurermeister, sofern er an herrschaftlichen oder öffentlichen Gebäuden arbeitet. Arbeitet er an einem Privathaus, so unterliegt auch er der Beschränkung der Gesellenzahl auf fünfzig. Im Berliner Maurergewerbe bleibt auch entgegen dem Reichsgesetz das Niederlassungsverbot für solche Meister bestehen, die das Meisterrecht auswärts erworben haben. Die preußische Handwerkskommission nahm sich also durchaus die Freiheit, in Sonderfällen von den Bestimmungen der Reichszunftordnung abzuweichen. Wenn es ihr zweckmäßig erschien, ließ sie gewerbliche oder lokale Gepflogenheiten bestehen.

Dies gilt insbesondere für die Arbeitsbedingungen der Gesellen. Die Arbeitszeit, der Lohn, die Unterkunft und Verpflegung sollen in den meisten Gewerben bleiben, „wie es vorhin üblich gewesen“[15]. Allerdings muß den einzelnen Meistern freigestellt sein, sich mit ihren Gesellen deswegen zu einigen. Kollektive Abmachungen, „Tarifverträge“ gibt es also nicht; das in jedem Einzelfall modifizierbare Herkommen ist entscheidend. Nur in einigen Gewerben von besonderem öffentlichen Interesse greifen die Generalprivilegien direkt in die Arbeitsordnung ein. Im Artikel IX des Maurerprivilegs wird die Arbeitszeit der Maurer im Sommer auf fünf bis neunzehn Uhr, im Winter von Tagesanbruch bis Sonnenuntergang festgelegt und der Tagelohn der Gesellen und Handlanger im Sommer auf 8 bzw. 5½, im Winter auf 7 bzw. 4½ Groschen fixiert. Bei der Kalkulation der Preise haben also die Maurermeister nicht völlig freie Hand, sondern sind an zwei entscheidenden Stellen, der Arbeitszeit und dem dafür zu zahlenden Lohn, gesetzlich gebunden. Ähnlich gebunden werden die Bäcker und Fleischer durch die Taxen, die vom Magistrat festzusetzen sind und deren Einhaltung kontrolliert wird. Aber hier wird den konjunkturellen und saisonalen Preisschwankungen Rechnung getragen. Die Taxen für Backwaren zum Beispiel, sind nach dem „marktgängigen Preis“ eines Scheffels Weizen jeden Monat neu zu errechnen, und es wird den Bäckern nicht erlaubt, diesen Preis durch kollektive Monopolisierung des Mehleinkaufes zu beeinflussen. Jeder Bürger hat das Recht, Mehl für seinen eigenen Gebrauch von auswärts zu beziehen[16]. Damit wird

[14] Ebenda S. 119.
[15] Z. B. bei den Bäckern, ebenda S. 460.
[16] Ebenda S. 455.

an einer ökonomisch wichtigen Stelle das Zunftmonopol durchbrochen und die Wirtschaftsgebarung der Handwerker dem Gesetz des Wettbewerbs unterworfen. Der ökonomische Charakter der Zunft verändert sich.

Das Reichsgesetz hatte die Wirtschaftsgebarung der Zünfte nur an drei Stellen berührt, hatte Preisabmachungen und Arbeitsverweigerung verboten und obrigkeitliche Taxordnungen empfohlen. Die preußische Handwerksgesetzgebung konkretisierte und detaillierte auch diese Bestimmungen. Das Kartellverbot wird z. T. auf den Einkauf ausgedehnt. Die holzverarbeitenden Gewerbe z. B. müssen ihre gemeinsame Holzbeschaffung unterlassen. Der Reihendienst der Tischler bei der Anfertigung von Särgen wird verboten; die Bürger sollen wählen können, bei welchem Tischler sie den Sarg bestellen. Die Militärbehörden sind nicht mehr genötigt, größere Bestellungen gleichmäßig auf die Zunftmeister zu verteilen, oder sie bei der Innung als solcher zu bestellen und ihr die Verteilung zu überlassen. Sie dürfen fortan den Vertrag mit einem Meister abschließen, und dieser darf die Arbeiten an Mitmeister weitergeben. Damit wird eine entscheidende Bresche in die genossenschaftliche Gliederung der Zunft geschlagen. Eine Stufung wird möglich, in der der einzelne Meister sich wirtschaftlich und vertragsrechtlich über die anderen erheben kann; die Grenze zwischen dem Handwerk und dem Verleger bzw. Kaufmann wird verwischt. Denn auch außerhalb der Heereslieferungen wird es in einigen Gewerben erlaubt, daß Handwerker die Arbeiten anderer Meister fortführen oder verkaufen. So dürfen die Berliner Töpfer auswärtige Ware kommen lassen, die Tuchmacher dürfen Tücher verarbeiten, die sie von einem Mitmeister gekauft haben, und die Gerber können mit inländischem Leder frei handeln. Für alle Handwerker wird das Prinzip aufgestellt, daß jeder Meister von seiner Arbeit an Mitmeister abgeben darf, und einzelne Generalprivilegien, wie die der Drechsler, enthalten sogar die Anweisung, daß die größeren Meister bei Arbeitshäufung ihre ärmeren Mitmeister beschäftigen sollen. Auch die Assoziation von Meistern wird teilweise ausdrücklich gestattet.

Noch stärker wird der handwerkliche Markt dadurch aufgelockert, daß die meisten lokalen Monopole der Zunft verschwinden. Das Recht, Freimärkte abzuhalten, bei denen auswärtige Meister gänzlich oder zum Teil ausgeschlossen sind, wird sehr eingeschränkt; die Jahrmärkte und Messen müssen für die Meister anderer Städte uneingeschränkt zum Verkauf von allen Waren, die nicht im Lande überhaupt verboten sind, offenstehen. Vor allem aber kann keine Zunft die Bürger zwingen, ihren Bedarf im Heimatort zu decken. Es steht jedem frei, Handwerksware auch von außerhalb kommen zu lassen und fremde Meister in seinem Hause zu beschäftigen. Nicht in allen Privilegien findet sich diese Bestimmung schon 1734 bis 1736. Nur bei den Böttchern, Tischlern, Klempnern, Töpfern, Hutmachern und Zinngießern ist sie ausdrücklich vermerkt. Aber im Laufe der Zeit wird sie auch auf andere Gewerbe ausgedehnt und 1787 generell eingeführt. Damit bricht ein Eckpfeiler aus dem Gebäude der lokalen Versorgungswirtschaft und die Kartellierung des Handwerks wird wesentlich erschwert. Denn wenn auswärtige Meister in die Absprachen einbezogen werden müssen, ist eine umständliche Organisation nötig, um zu einheitlichen Preisen oder Konditionen zu kommen.

Dem vollkommenen Wettbewerb aber standen noch immer wesentliche Teile der Berufsordnung des Handwerks entgegen. Die preußischen Generalprivilegien hielten grundsätzlich an der Zwangsinnung und der Abgrenzung der Arbeitsgebiete fest. Von Sonderfällen abgesehen dürfen nur Heeresinvaliden ein Handwerk außerhalb der Zunft treiben, und auch sie können weder Lehrlinge noch Gesellen halten. Und jedem Gewerbe stehen bestimmte Arbeiten ausschließlich zu. Niemand anders darf sie gegen Entgelt leisten. Nur teilweise Überschneidungen werden gestattet, etwa zwischen Schneidern und Kürschnern, zwischen Maurern und Brunnenbauern oder zwischen Hufschmieden und Sattlern. Besonders exakt werden die Arbeitsgebiete zwischen solchen Gewerben abgegrenzt, bei denen es traditionell deswegen Mißhelligkeiten gibt, z. B. zwischen den Klein- und den Grobschmieden. Eine lange Liste zählt die jedem der beiden Handwerke zugehörigen Verrichtungen auf, und in Streitfällen soll als regulatives Prinzip der Gebrauch der Feile dienen: Jede Arbeit, zu der sie nötig ist, gehört den Kleinschmieden, alle übrigen den Grobschmieden. Diese Art der Konkurrenzbeschränkung durch Arbeitszuweisung behindert teilweise auch weiterhin die freie Wahl des Publikums. So ist es z. B. den Bürgern nicht gestattet, Schmiedearbeit auf dem Lande verfertigen zu lassen. Hierauf hat die Innung einer Stadt für die Bürger ihrer Stadt noch immer das Monopol. Die Bäcker behalten das Verkaufsmonopol für Backwaren, nur das Einkaufsmonopol für Mehl wird ihnen genommen. Den Kaufleuten bleibt der Verkauf gewisser Handwerksprodukte untersagt. Beispielsweise dürfen Zinnwaren, inländische Handschuhe und Hornkämme nur von den Produzenten selbst vertrieben werden, während ausländische Handschuhe, elfenbeinerne und schildkrötene Kämme beim Kaufmann bezogen werden können. Einzelne Gewerbe behalten auch gewisse Einkaufsmonopole oder Vorkaufsrechte vor den Kaufleuten. So dürfen nur Schlächter und Juden auf dem Lande hausierend einkaufen, die wollverarbeitenden Handwerker können die Wolle zu günstigeren Bedingungen beziehen als die Wollhändler, und die Gerber behalten Vorrechte beim Häuteeinkauf. Und in manchen Fällen werden die Kaufleute angewiesen, nur bei Ortsmeistern zu kaufen. Die Berliner Kaufleute sollen Korbwaren aus Berlin, die Höker Seife und die Bürstenhändler Bürsten nur aus ihren Orten beziehen. Andererseits bleibt der Handel für das Handwerk beschränkt. Nur wo alte Privilegien auf einzelne Waren bestehen, können Handwerker mit Krämern konkurrieren. Die Glaser dürfen Glas, die Klempner Sicheln und kleine Schlösser, die Seiler Teer, Wagenschmiere und einige ländliche Holz- und Eisenwaren verkaufen. Aber im allgemeinen bleiben Handwerk und Handel streng getrennt, Angehörige einer Handwerkszunft können nicht zugleich Mitglieder einer Kaufmannsgilde sein, und den Innungen wird die Hilfe der Regierung bei der Unterbindung von Pfuscherarbeit und von Grenzüberschreitungen zugesagt.

Berufsordnung und Wettbewerbsbeschränkung bleiben also in wesentlichen Teilen des preußischen Handwerksrechts des 18. Jahrhunderts bestehen. Daß die Zunft sowohl eine berufsordnende wie eine marktordnende Funktion habe, wird nicht grundsätzlich bestritten. Auch in Preußen sind es vor allem die „Mißbräuche" des Zunftwesens, die beseitigt werden sollen. Aber der Schnitt in die alten Handwerksprivilegien geht doch tiefer als in den meisten anderen Territorien, die das Reichsgesetz ohne eigene gesetzgeberische Initiative übernahmen. Selbst wo in den preußischen Privilegien die alten Sitten beibehalten werden, wird kein Zweifel gelassen, daß dem Staat das Recht gegeben sei, sie jederzeit einzuschränken. Die Autonomie der Zünfte ist auf ein Minimum zusammengeschmolzen, und es ist Vorsorge getroffen, daß sie nicht unter dem Schutz lokaler Behörden wieder mächtig werde, denn die preußische Handwerksordnung enthält die bedeutsame Bestimmung, daß die zur Handwerksaufsicht beorderten Magistratsmitglieder alle drei Jahre das Gewerbe wechseln müssen[17]. Dadurch wird verhindert, daß die Innungen einen Spezialbeamten bekommen, der schließlich mehr ihre Interessen als die Belange des Publikums vertritt. Indem den städtischen Obrigkeiten außerdem die Möglichkeit genommen wird, eigene Statuten zu geben, wird die Heteronomie erhöht. Es ist der König selbst, der allen Zünften die gleiche Ordnung gibt, und niemand wird sich fortan darauf berufen können, daß die Handwerke der Nachbarstädte Rechte genössen, die man selbst entbehre. Der merkantilistische Zug, der dem Reichsgesetz fehlt, ist der preußischen Handwerksgesetzgebung durchaus eigen. Die Beschränkung der Ein- und Ausfuhr gewisser Waren bezieht sich auf den ganzen Staat oder wenigstens auf einzelne Provinzen. Innerhalb einer Provinz zumindest herrscht der interlokale Wettbewerb. Dieser staatswirtschaftliche Zug kommt jedoch dem Handwerk auch entgegen.

[17] Hinrichs, a.a.O. S. 314.

Nicht alle Aus- und Einfuhrverbote und Tarifmaßnahmen, die sich im Laufe des Jahrhunderts ergeben werden, sind in bloßem Staatsinteresse erlassen. Oft handelt es sich um Schutzmaßnahmen für einzelne Gewerbezweige, die ohne eine feste territoriale Staatsgewalt sich nicht hätten durchführen lassen. Die kollektive Abschirmung des Wettbewerbs wird von den Stadtmauern an die Grenzpfähle verlegt. Aber je größer der Kreis der Wettbewerbsberechtigten ist, desto schwerer wird es, ein Monopol aufzurichten, und cum grano salis wird man urteilen dürfen, daß die territoriale Gewerbegesetzgebung des 18. Jahrhunderts dazu neigte, lokale Monopole aufzubrechen und die Verkehrswirtschaft auszudehnen.

Daß die preußischen Generalprivilegien eine mittlere Linie zwischen radikaler Verzünftung und Gewerbefreiheit hielten, wird besonders an der Rolle deutlich, die sie den Zünften in ihren außerökonomischen Funktionen zuwiesen. Von einer politischen Funktion kann bei dem Fehlen städtischer Selbstverwaltung in Preußen und der Betonung der Heteronomie des ständischen Lebens selbstverständlich keine Rede sein. Aber die sozialen und kirchlichen Funktionen der Zünfte werden, wo sie bisher bestanden, auch weiterhin geduldet. Es wird ihnen keine besondere Bedeutung zugemessen, darum steht nichts im Wege, daß sie in der hergebrachten Form bestehen bleiben. „Wir lassen auch allergnädigst geschehen", daß die „gute Ordnung", die die Gesellen für den Kirchgang, das Einlegen in den Klingelbeutel und die Teilnahme am Leichenzug eingeführt haben, auch in Zukunft gehalten werde: das ist die Formel, die in jedem Generalprivilegium wiederkehrt und die anzeigt, wie sehr die kirchliche Funktion der Zünfte im protestantischen Gebiet eingeschrumpft ist. Auch die soziale Funktion beschränkt sich fast ganz auf die Verpflichtung, den Sarg zu tragen und für die Witwe zu sorgen. Nur in den Gesellenbruderschaften gelten die geselligen Bräuche noch als feste Rechte und Pflichten, und da sie meist zu Mißbräuchen erklärt werden, sind sie in den Generalprivilegien verboten. Die preußische Gesetzgebung beschränkt sich hier ganz auf die Ausführung des Reichsgesetzes. Die Gesellen dürfen unter der Aufsicht der Meister eine eigene Kranken- und Unterstützungskasse unterhalten und in ihrer Schenke wie in jedem anderen Wirtshaus zusammenkommen. Aber ihre Bruderschaftsstatuten werden kassiert. Sie sollen keine eigene Korporation bilden, sondern Juniorenglieder der Zunft sein mit beschränkten Pflichten und Rechten. Hier duldete die preußische Bürokratie keinen Kompromiß. „Diese Leute bilden sich ein", schrieb der Kammerdirektor Hille, einer der führenden Köpfe in der preußischen Handwerkskommission, „als wann sie ein besonderes Corpus oder Statum in Republica formirten, da sie doch vor weiter nichts als vor Arbeitsgehülfen vor

Lohn zu consideriren sind"[18]: Und in diesem Geiste wurde die Reform des Bruderschaftsrechts vorgenommen, das ja schon immer weit mehr Gewohnheitsrecht gewesen war als das Recht der Meisterzünfte.

Die Zunft hat gegenüber den Gesellen eine erzieherische Funktion, ähnlich wie gegenüber den Lehrlingen. Sie muß über die gute Aufführung, die saubere Arbeit und den Lebenswandel der Gesellen wachen. Deshalb gibt es in den preußischen Generalprivilegien Bestimmungen wie die, daß die Gesellen bis abends um 10 Uhr im Hause sein müssen, andernfalls sie zwei Groschen Strafe zu zahlen haben, wenn sie zu spät kommen, oder sechs Groschen, wenn sie die ganze Nacht fortbleiben. Diese erziehliche Funktion der Zunft ist in den preußischen Privilegien besonders betont. Den Lehrmeistern wird ihre Ausbildungs- und Sorgepflicht für die Lehrlinge nachdrücklich eingeschärft. Lange Abschnitte handeln davon, wie Jungen zu halten und anzuleiten sind. Sie sollen nicht geschlagen und handwerksfremd beschäftigt werden, sie sollen angemessene Freizeit und gute Kost erhalten und nicht der Willkür der Gesellen ausgeliefert werden. Zusätzlich zu allen bisherigen Handwerksordnungen und zusätzlich auch zum Reichsgesetz ist eine Bestimmung aufgenommen, die einen ganz neuen Aspekt in das Gewerberecht bringt, der noch ein Jahrhundert zu kämpfen haben wird, ehe er zum Allgemeingut werden wird: die Generalprivilegien sämtlicher Handwerke fordern, daß der zum Lehrling angenommene Junge lesen, schreiben und die fünf Hauptstücke des Katechismus, bei einzelnen Gewerbezweigen, wie den Maurern, auch rechnen können muß. Andernfalls ist der Lehrmeister verpflichtet, ihn während der Lehrjahre vier Stunden wöchentlich zur Schule zu schicken. Zur Gesellenprüfung gehört fortan ein Examen in diesen Fertigkeiten. In Gegenwart des Ratsbeisitzers muß der Ausgelernte einen Spruch aus der Bibel schreiben und ein Hauptstück aus dem Katechismus aufsagen. Versagt er dabei, kann er nicht freigesprochen werden und muß solange weiter lernen, bis er den Anforderungen genügt, „wenn er auch noch ein gantzes Jahr als Junge länger bleiben solte"[19].

Besser als alles andere zeigt dieser Artikel der preußischen Generalprivilegien das Neue im Handwerksrecht an. Die Obrigkeit beginnt, außer für Ruhe und Ordnung, für Sitten und Religion auch für die Bildung der Untertanen zu sorgen. Die geistigen Kräfte auszubilden und das Wissen zu erweitern, wird zu einer Forderung, die der rationalisierte Staat an seine Bürger stellt, denn nur aufgeklärte Menschen können ein vernünftiges Gemeinwesen bilden. In den Handwerksgesetzen des Kammerdirektors Hille aus den dreißiger Jahren

---

18 Schmoller in Forschg. z. Brandenbg. u. preuß. Geschichte I, 363 f.
19 Z. B. im Generalprivileg der Maurer. Mylius V, II, Anhang S. 155.

kündet sich schon die Regierungsform an, die sein Zögling als alternder Monarch ein Menschenalter später in Preußen zur Geltung bringen wird. Der aufgeklärte Despotismus des späteren 18. Jahrhunderts hat hier eine seiner verborgenen Wurzeln.

C. Das Lokalrecht

In Preußen war mit den Generalprivilegien die Ausbildung eines lokalen Handwerksrechts im Grunde abgeschnitten, wenn auch die Einheitlichkeit des preußischen Staates im 18. Jahrhundert längst nicht in dem Maße verwirklicht wurde, wie die gesetzgeberischen Maßnahmen vermuten lassen. Den Gegenpol zu der preußischen Unifizierungstendenz bildeten naturgemäß die Reichsstädte, bei denen Landesrecht und Ortsrecht zusammenfielen und das Herkommen über die Neuerungen triumphierte. In der Mitte standen die mittel- und süddeutschen Territorien, die mit gutem Willen, aber wenig Energie dem Reichsgesetz nachzukommen suchten. Um zu einem Überblick über das wirklich geltende Recht zu kommen, müßten Hunderte von Zunftstatuten aus allen Gegenden verglichen werden. Hier soll der andere Weg eingeschlagen werden, der statt des Vergleichs vieler die Analyse weniger Beispiele vorzieht.

Auch in Österreich wurden nach Erlaß der Generalhandwerksordnung von 1732 die Zunftstatuten einheitlicher gestaltet. Aber die Zentralisierung machte erst mit Maria Theresia und Joseph II. wirkliche Fortschritte. Bis in die siebziger Jahre des 18. Jahrhunderts herrschten noch die lokalen Statuten vor, und hier zeigt sich daher sehr nachdrücklich die große Variationsbreite, die dem alten Zunftwesen eigen war. Besonders reichhaltiges Material liegt neuerdings für Niederösterreich vor. Gustav Otruba hat eine Edition von fast hundert niederösterreichischen Handwerksordnungen veranstaltet, bei deren Auswahl er sich auf 1266 Ordnungen für 555 Zünfte mit lokalem Geltungsbereich und auf 375 Ordnungen und Patente für 143 Handwerke mit regionaler Organisation stützen konnte[20]. Zwar ist die Zeit nach 1732 mit Absicht vernachlässigt, doch lassen sich noch genügend

[20] Die Edition liegt nur vervielfältigt vor und zwar in der Reihe der von der Kammer für Arbeiter und Angestellte in Niederösterreich veranstalteten Studien zur Sozial- und Wirtschaftsstruktur Niederösterreichs in Vergangenheit und Gegenwart, die den gemeinsamen Titel „Der niederösterreichische Arbeiter“ tragen. Die Edition bildet den 2. Teil des 4. Heftes und führt den umständlichen und irreführenden Untertitel: „Untersuchungen über Berufsprobleme der niederösterreichischen Arbeiterschaft in Gegenwart und Vergangenheit. Teil II: Berufsstruktur und Berufslaufbahn vor der industriellen Revolution.“ (Wien 1952.) Herr Reichsminister a. D. Dr. h. c. Rudolf Wissel in Berlin-Tempelhof hat mir sein Exemplar dieser schwer zugänglichen Edition freundlicherweise zur Verfügung gestellt, wofür ich ihm herzlich danken möchte.

Schlüsse für das Handwerksrecht des späteren 18. Jahrunderts ziehen. Den meisten dieser Ordnungen, auch den Handwerkspatenten, die in den Achtzigern ergingen, gemeinsam ist die Betonung der kirchlichen Funktion der Zunft. „Beförderung der Ehre Gottes“ wird zum Hauptzweck der Zunft erklärt, und der Eingangsartikel handelt regelmäßig von den „heiligen Quatembermessen“, zu denen Meister und Gesellen „sowohl im Winter als im Sommer jedesmahl um 9 Uhr früh in geziemender Kleidung ohne Mantel zu erscheinen und denselben andächtig beizuwohnen verbunden sein“[21]. Für das Fernbleiben oder ungebührliches Benehmen während des Gottesdienstes oder der Prozession sind Geldstrafen festgesetzt. In diesen Bestimmungen erweisen die österreichischen Handwerksordnungen ihre stärkere Verbundenheit mit der Tradition, die der Zunft weit mehr als nur berufsordnende und ökonomische Funktionen zuwies. Daher fällt auf, daß in den Handwerkspatenten, die in den siebziger und achtziger Jahren vom Rat und Bürgermeister von Wien für die Wiener Handwerke erlassen wurden und auf Wunsch der Kaiserin nach und nach im ganzen Staatsgebiet Gültigkeit erhalten sollten, eine detaillierte Berufsordnung in der Art der der preußischen Generalprivilegien ebenso fehlt wie marktordnende Regulative. Der Hauptteil der Patente beschäftigt sich mit der Ordnung der Zusammenkünfte der Meister und Gesellen und mit den sozialen Aufgaben der Zunft. Im Grunde sind sie nichts weiter als eine Wiederholung einzelner Punkte des Reichsgesetzes und eine Konkretisierung seines Verbotes der „Handwerksmißbräuche“ durch Festlegung von kleineren Handwerksstrafen für Verstöße gegen die Ordnung. Die Jurisdiktion wird dem Ratsverordneten zugesprochen, vor dem der Kläger während der Handwerksversammlungen „stehend, ohne Geschrei, ohne anzügliche Ausdrücken, auf eine geziemend und bescheidene Weise“ seine Klagen vorzubringen und der Beklagte „ebenfalls stehend und mit dem nemlichen Anstande“ sich zu verantworten hat. Der Handwerksbeisitzer kann, wie im Reichsgesetz verordnet, Strafen bis zu zwei Gulden verhängen, schwerere Verstöße muß er der Obrigkeit anzeigen. Von der Berufsordnung sind nur die allgemeineren Teile, die die Berufsausbildung bis zum Meisterrecht, den Arbeitsnachweis der Gesellen, Arbeitszeit und Kündigungsfristen umfassen, vorhanden, die spezielleren Teile, insbesondere die Arbeitsabgrenzung, auf die die preußischen Privilegien soviel Wert legten, fehlen. Über den Zunftzwang, die Preisabsprachen und Gesellenlöhne ist nichts ausgesagt. Die Patente haben fast den Charakter der Geschäftsordnung einer privatrechtlichen Innung, und schon ist ihnen ein gewisser Anflug des ‚laissez faire, laissez aller‘ eigen.

---

[21] Artikel für die Wiener Neßler- und Fellfärbergesellen vom 25. 4. 1780. Otruba, S. 353.

Das war bei den wenig früher erlassenen Handwerksprivilegien noch keineswegs immer der Fall, selbst wenn sie den Zunftzwang für einzelne Gewerbe aufhoben oder die handwerkliche Berufsordnung lockerten. Die Ordnung, die Maria Theresia 1759 den Tuchmachern der landesfürstlichen Stadt Eggenburg verlieh, enthielt noch genaue Anweisungen über die Wirtschaftsgebarung[22]. „Damit ein Meister den anderen nicht verderbe", sollen alle den Gesellen und Wollspinnerinnen den gleichen Lohn zahlen, „wie schon vor alters her der gewöhnliche Gebrauch gewesen". Ein Zwangslohnkartell wird hier also festgesetzt. Auch eine bestimmte Arbeitsordnung besteht. Bei Wassernot z. B. ist beim Walken „zur Verhütung vieler Uneinigkeiten" eine bestimmte Reihenfolge einzuhalten, die sich aus dem Alter der Meister ergibt. Wer diese Ordnung verletzt, muß fünfzehn Kreuzer bezahlen. Vor allem aber werden den Tuchmachern bestimmte Privilegien im Tuchhandel bestätigt. Juden, Wiederkäufern, Vorkäufern und „allen andern, wie sie immer Namen hätten", wird das Hausieren mit Tuch und das Aufkaufen und Ausführen von Wolle verboten. Ebenso ist den Seidenhändlern „und in specie allen anderen Kaufleuten" das Handeln mit Tuchmacherwaren untersagt. Die Leineweber, Barchent- und Zeugmacher dürfen wollenes Zeug nicht breiter als eine Elle machen und dürfen es weder scheren, färben oder pressen lassen noch verkaufen, denn „für alle Wollwaren, sonderbar was über eine Ellen breit ist", und alle Tuchwaren „sowohl außer Land gemachte als die im Land gemachte", haben die Tuchmacher und -händler ein ausschließliches Herstellungs- und Verkaufsrecht. Die Handwerksordnung der Tuchmacher zu Eggenburg richtet sich damit weniger gegen die Mißbräuche in den eigenen Reihen als gegen die Übergriffe benachbarter Gewerbezweige und wahrt so den Charakter eines Privilegs, den die Patente des späteren 18. Jahrhunderts und bis zu einem gewissen Grade auch die preußischen Generalprivilegien verloren hatten. Das kollektive Monopol wird nicht eingeschränkt oder kontrolliert, sondern ausdrücklich bestätigt, und die geistlichen und weltlichen Obrigkeiten werden angewiesen, es zu „schützen, schirmen und handhaben".

Die Eggenburger Tuchmacherordnung kennt auch noch den Zunftzwang und die Bannmeile. Die Tuchmacher von neun Nachbarorten und alle anderen im Umkreis von zwei Meilen wohnenden Tuchmacher, die bisher mit eigenen kaiserlichen Privilegien versehen waren, werden dem Tuchmachergewerk der landesfürstlichen Stadt Eggenburg „einverleibet, incorporirt und in einem gezogen und zugeteilet". Das Reglement für die Kremser Seidenzeugmacher von 1768 hebt dagegen den Zunftzwang auf und setzt eine freiere Ordnung, um

[22] Ebenda S. 284 ff.

die Seidenfabrikatur auf die in der Umgebung gelegenen Ortschaften zu erweitern[23]. Hier handelt es sich nicht um die Privilegierung einer handwerklichen Korporation, sondern um die Beförderung eines staatlich gewünschten Gewerbezweiges, der teils fabrikmäßig, teils in Heimarbeit betrieben wird, aber doch eine feste handwerksähnliche Berufsordnung haben soll. Es gibt Meister, Gesellen und Lehrlinge. Die Lehrzeit wird festgesetzt und der Ausbildungsgang vorgeschrieben. Aber die Seidenzeugmacher haben keine Lade und dürfen keine Zusammenkünfte abhalten. Es sind einzelne Verleger, Meister, Gesellen und Lehrlinge, denen der Staat zwar eine Ordnung ihres Gewerbes, aber kein Koalitionsrecht und damit keinerlei Autonomie gibt. Qualität und Preis ihrer Arbeit werden ihnen vorgeschrieben, für Krankheitsfälle wird durch eine Unterstützungskasse gesorgt und der Stadtmagistrat zur Aufsichts- und Schiedsbehörde ernannt. Neue Prinzipien des Gewerberechts haben sich hier durchgesetzt, die weit über das an den Zünften orientierte ältere Handwerksrecht hinausgreifen, ohne es vollständig aufzugeben. Während auf vielen Gebieten noch städtischer Zunftzwang herrscht, lockern das Verlags- und das Manufaktursystem die Gewerbestruktur auf und der erwachende Staat fördert das Neue, indem er ihm Exemtionsrechte, „privilegia privativa“ und „Fabrikbefugnisse“ erteilt. Aber die Handwerker wehren sich verbissen gegen die Durchlöcherung ihrer Privilegien, und ehe sich das Prinzip der Gewerbefreiheit im 19. Jahrhundert wenigstens teilweise durchsetzt, bietet das handwerkliche Gewohnheitsrecht dem staatlichen Gewerberecht noch lange Schach.

Wo die Produktions- und Konkurrenzverhältnisse sich von Grund auf ändern, nützt jedoch auch das Anklammern an die alten Rechtsformen nichts. Das Beispiel der Granatschleifer in Freiburg und Waldkirch zeigt, wie wenig auch die ausgearbeitetste Berufsordnung gegen die wirtschaftlichen Datenänderungen vermochte[24]. Die alten Bruderschaften der „Borer und Balierer“ im Breisgau hatten bis in die Mitte des 18. Jahrhunderts ein Monopol für die Verarbeitung von Granat. Nachdem es einigen böhmischen Adeligen gelungen war, mehrere Freiburger Meister zu bewegen, gegen die Ordnung ihres Handwerks Freiburg zu verlassen und auf ihren Besitztümern, auf denen Granate gefunden wurden, Schleifmühlen einzurichten, erwuchs den Breisgauern eine harte Konkurrenz. Die Rohstoffe waren im Böhmischen näher, die Auswahl größer, die Arbeiter billiger, da sie außerzünftig blieben. Seit den siebziger Jahren ging es daher mit der Bruderschaft im Breisgau bergab. Die Zahl der Werkstätten in Freiburg verringerte

---

[23] Ebenda S. 232 ff.

[24] Zum folgenden vgl. Herbert Trimborn, Ein Beitrag zur österreichischen merkantilistischen Gewerbepolitik am Beispiel der Bruderschaft der Borer und Balier zu Freiburg und Waldkirch. Diss., Freiburg 1940.

sich von 33 im Jahre 1771 auf 12 im Jahre 1791. Zunächst suchte eine sehr detaillierte Professionsordnung die Qualität der Arbeit aufrechtzuerhalten und die Zahl der Gewerbetreibenden dadurch zu verringern, daß sie das Meisterwerden erschwerte. Der Einkauf der Granate, der schon immer ein schwieriges Problem gewesen war, wurde von neuem geordnet, die Zulassung zum Gewerbebetrieb erschwert. Meistersöhne hatten sechs, andere sieben Jahre zu lernen, danach mußten sie vier Jahre als Knecht arbeiten, und ein „eigen Feur und Rauch" besitzen, ehe sie heiraten und sich selbständig machen durften. Der Lehrling mußte ein eheliches Bürgerskind aus Freiburg oder Waldkirch sein, ein Vermögen von 300 Gulden besitzen und durfte seinen Lehrort nicht verlassen. Ein Waldkircher durfte nicht für einen Freiburger und ein Borer nicht als Polierer arbeiten und umgekehrt. Kein Meister durfte mehr als zwei Söhne bei sich beschäftigen und jeder Lehrherr hatte nach Beendigung der Lehrzeit zwei Jahre zu pausieren, ehe er einen neuen Lehrling einstellen durfte. So versuchten die Breisgauer Granatschleifer in Anlehnung an ihre alte Ordnung von 1544 ihre Existenz zu retten. Der Magistrat von Freiburg konfirmierte die neuen Statuten 1774, aber schon ein Jahr später erlaubte die österreichische Regierung die Ausfuhr von rohen Granaten aus ihren Landen und stärkte damit die badische Konkurrenz, bald darauf gab ein kaiserliches Dekret den Granatverkauf für die böhmischen Produzenten frei, es bildete sich das Monopol eines einzigen Granatbauers, der zu gleicher Zeit Granate verarbeitete und seinen Abnehmern und Konkurrenten den Preis diktieren konnte, und vor allem begannen sich Imitationen der Steine durchzusetzen, die in Großschleifereien hergestellt wurden. Während die böhmische Granatschleiferei einen starken Aufschwung nahm, ging die breisgauische ein. 1785 verteilte die Waldkircher Bruderschaft ihr ganzes Vermögen unter ihre verarmten Mitglieder. In der von Josef II. erlassenen Freiburger Armenordnung werden die Granatschleifer und -borer der öffentlichen Unterstützung bedürftig erklärt, und um die Jahrhundertwende wohnen die meisten der überlebenden Borer und Balierer in einem Armenhospital. Einige wenige stellen sich auf Kristallschneiden um und tradieren ihr Handwerk, bis in der Mitte des 19. Jahrhunderts neue Edelsteinschleifereien entstehen, die die letzten Granat- und Kristallschleifer als Heimarbeiter anstellen.

Ähnlich wird es im Laufe des 19. Jahrhunderts vielen Gewerbezweigen gehen, die mit neuen Produktionstechniken und Konsumgewohnheiten zu ringen haben. Die herkömmlichen Rechtsformen werden umgebildet werden und der Handwerksbrauch wird sich verlieren. Durch das ganze 18. und bis tief ins 19. Jahrhundert hinein bleibt das handwerkliche Gewohnheitsrecht jedoch noch eine handwerkliches Leben entscheidend gestaltende Macht.

II. Das handwerkliche Gewohnheitsrecht

Welche Bedeutung „Handwerks-Gebrauch und -Gewohnheit“ für die Handwerker bis ins 19. Jahrhundert hinein besaßen, kann man nur ermessen, wenn man in die geistige Struktur der ständischen Welt Alteuropas eindringt. Ehe die Philosophie der Aufklärung die ratio auf den Thron erhob, ehe Rousseau das Evangelium von der Gleichheit aller Menschen verkündete und ehe die politische und industrielle Revolution des 18. Jahrhunderts die alten Bindungen lockerte und den Lebensstil verwandelte, galten ethische und soziale Werte, die seitdem fast vergessen worden sind. Das Ethos der europäischen Adelswelt mit seinem Tugendkatalog, der bäuerliche Gerechtigkeitssinn mit der Vorstellung von dem Gleichgewicht der Pflichten und Rechte und die Bürgerehre mit ihrer strengen Auffassung unehrbarlicher Verhältnisse und Handlungen prägten die Menschen in einer Weise, die es, wenn nicht unmöglich, so doch entbehrlich machte, subjektive Urteile über den Sinn und die Zweckmäßigkeit der menschlichen Dinge zu fällen und sein persönliches Leben nach rationalen Gesichtspunkten einzurichten. Die Sitte galt in einem Maße, das man sich im Europa des 20. Jahrhunderts kaum noch vorzustellen vermag. Das Herkommen erschien als das Gute schlechthin, und ein Recht galt um so mehr, je älter es war. Am ältesten aber ist das Gewohnheitsrecht. Weil es keine Aufzeichnungen gibt, die seine Setzung belegen, verliert es sich in Urzeiten, und sein Ursprung wird von der Sage umwittert und verklärt. Irgendwann, vor vielen hundert Jahren vielleicht, tauchte es auf als ein schon altes Recht, das ausdrücklich bestätigt und auf „ewige Zeiten“ befestigt wird. Oder es wird nur mündlich von Generation zu Generation überliefert, und keinem Uneingeweihten darf es zu Ohren kommen. Das Fluidum des Geheimnisses erhöht seinen Glanz, die heimliche Gerichtsbarkeit verstärkt seine Geltungskraft und die Mitwisserschaft schmiedet die Genossen zu einer Korporation zusammen. So entstehen Gruppen, die Jahrhunderte überdauern und von denen die Außenwelt doch nur wenig erfährt. Sie zu untersuchen, gehört zu den wichtigsten Aufgaben einer empirisch-historischen Soziologie.

Der Handwerkerstand der vorindustriellen Welt war nicht nur von zahlreichen solcher Korporationen durchsetzt, sondern bildete insgesamt eine einzige große Genossenschaft, die Genossenschaft aller Zünftigen. Die Traditionen der einzelnen Gewerbezweige wurden überwölbt von einer gemeinsamen Handwerkssitte, und die allgemeine Handwerksehre galt für jedes Lebensalter und in jeder Stadt. Nur wer dieser Handwerksehre teilhaftig war, konnte Mitglied einer Zunft sein und ein ‚ehrliches‘ Gewerbe ausüben und umgekehrt: die Ausübung eines ‚ehrlichen‘ Handwerks und die Mitgliedschaft in einer Zunft machte zum ‚ehrbaren‘ Bürger. Es ist hier nicht der Ort, das Bürgerethos der Ehrbarkeit, das für den Handwerksstand vor der industriellen Revolution von so entscheidender Bedeutung war, im einzelnen zu charakterisieren[25]. Es genügt, seine Ausstrahlungen auf die Rechtsvorstellungen und die Wirtschaftsgebarung der Zünftler zu verfolgen und die Wirksamkeit der Idee in der Welt der Realitäten zu beobachten. Mit Hilfe der idealtypischen Konstruktionen, die bei der Analyse des obrigkeitlichen Handwerksrechts den Leitfaden der Untersuchung bildeten, soll auch das handwerkliche Gewohnheitsrecht nach seinen wesentlichen Momenten befragt werden.

Der Kern der Rechtsvorstellungen der Handwerker ist die Behauptung der Zunftautonomie. In der Grundfrage nach dem rechtlichen Status stehen sich Korporation und Staat unversöhnlich gegenüber, und wenn man will, kann man alle Rechtsstreitigkeiten um die Zünfte auf diesen Nenner bringen, denn die Verschiedenheiten der Auffassung im einzelnen sind nur Ausfluß dieses einen Gegensatzes. Wenn die Zunft autonom ist, dann hat sie das Recht, sich jederzeit zu schließen, die Berufsausbildung und Gewerbeordnung auszuarbeiten, den Einkauf und Verkauf zu organisieren und die Preise festzusetzen. Dann darf sie vor allem auch die Jurisdiktion über ihre Mitglieder selbst ausüben. In moderner Terminologie ausgedrückt geht es bei diesem Grundsatzstreit nicht nur um die Frage, ob die Zunft eine öffentlich-rechtliche oder eine privatrechtliche Institution ist, sondern um ihre hoheitlichen Befugnisse. Freilich muß man bei der Anwendung moderner juristischer Termini auf historische Phänomene vorsichtig sein, um die charakteristischen Unterschiede der gesamten Rechtsstruktur nicht zu verdecken, denn das wesentliche Merkmal der vorrevolutionären Welt ist es ja gerade, daß privates und öffentliches Recht nicht rein voneinander geschieden sind und daß hoheitliche Befugnisse von ‚Privatleuten‘ ausgeübt werden[26].

Die Vorstellungswelt der Handwerker des 18. Jahrhunderts ist noch ganz von diesen halb lehnsrechtlichen, halb genossenschaftlichen Rechtsbegriffen geprägt. Selbst sehr rationell wirtschaftende Köpfe

---

[25] Das ist geschehen im 2. Kapitel der Studie über die Bildungswelt des deutschen Handwerkers um 1800.

[26] Vgl. dazu insbesondere die Einleitung zu Otto B r u n n e r, Land und Herrschaft. Brünn 3. A. 1943.

unter ihnen tragen sie noch an sich wie ein altes, nicht mehr recht passendes Kleid, von dem man sich noch nicht ganz trennen kann. Erst in der ersten Hälfte des 19. Jahrhunderts wachsen einzelne Handwerker langsam daraus heraus, und noch lange versucht der Handwerkerstand einzelne Stücke dieses Gewandes als ehrwürdige Andenken zu retten[27]. Am ausgeprägtesten ist dieser Geist der handwerklichen Autonomie in den Städten, in denen die Zünfte die Stadtherrschaft ausüben oder an ihr teilhaben. Es sei ein großer Unterschied, so argumentiert die Gewandschneidergilde zu Goslar 1744, zwischen den Zünften, die einer landesherrlichen Obrigkeit unterworfen sind und denjenigen, die selber „Anteil am Stadtwesen" haben und ihre Privilegien nicht der landesherrlichen Gnade, sondern einem Vertrag mit dem Rat verdanken. Hier könne die Obrigkeit nicht einfach neues Recht setzen, sondern der Vertrag müsse mit dem Einverständnis beider Teile abgeändert werden. Hier bestreiten die Handwerker daher auch dem Rat schlechtweg die Rechtsprechung in Innungssachen. So erklären die Goslaer Innungen 1746 ein vom Rat gegen die Bäckerinnung erlassenes Dekret als „null und nichtig" und fordern ihn auf, die Bäckerinnung mit „weiteren Inhibitionen" zu verschonen[28].

Aber auch da, wo die Zünfte sich nicht auf einen „Kompositionsrezeß" berufen können, wie in Goslar, verwehren sie dem Rat das Recht, einmal erteilte Privilegien zu schmälern. Die Statuten, die von der Obrigkeit genehmigt sind, gehören der Zunft als ein Besitztum, das nur sie selbst veräußern kann. Selbst wenn dem Rat mehr als das Bestätigungsrecht zugestanden wird, soll er doch die Zunftsatzungen nicht gegen den Willen der Zunft ändern dürfen. Nach Erlaß des Reichsgesetzes von 1731 war diese Position für das Handwerk immer schwerer zu halten. Kam es zu einem Rechtsstreit vor den Reichsgerichten, mußten die Zünfte unterliegen, da der Reichsabschied eindeutig der Obrigkeit das Recht zusprach, die Zunftordnungen zu setzen. Das ändert jedoch nichts an der Tatsache, daß die Zünfte zumindest die obrigkeitlich genehmigten Statuten als ihr Eigentum ansahen und innerhalb ihrer Satzungen Selbstverwaltung und Jurisdiktion in Handwerkssachen beanspruchten.

Die Rechtsprechung ist naturgemäß diejenige Funktion, an der sich die Wirksamkeit der Gesetzgebung erweist. Deswegen ist das Recht auf eigene Jurisdiktion von den Zünften auch am hartnäckigsten verteidigt worden. Das Reichsgesetz entschied zwar auch hier unzweideutig gegen die Zunft, indem es die kleinen Handwerksstrafen dem

[27] Vgl. die biographischen Skizzen, insbesondere Kefersteins und J. C. Fischers in Stadelmann-Fischer, Die Bildungswelt des deutschen Handwerkers um 1800.

[28] Sieber, Abhandlung von den Schwierigkeiten .... S. 124 ff.

Handwerksbeisitzer des Magistrats und die schweren Strafen der lokalen Obrigkeit übertrug, aber daneben ging die Rechtssprechung der Zünfte und Bruderschaften weiter, ja bewährte sich gerade dadurch, daß sie obrigkeitlichen Entscheidungen entgegentrat, obrigkeitlich Verurteilte in den Schutz der Korporation nahm und obrigkeitlich Freigesprochene ausstieß. Beispiele dieser illegalen Handwerksgerichte gibt es für die zweite Hälfte des 18. Jahrhunderts aus allen Gegenden noch in großer Zahl. Besonders häufig sind die Gesellenurteile, die außerdem äußerst rigoros vollstreckt wurden. Der Gegenstand, auf den sich diese Handwerksrechtsprechung erstreckt, ist dabei für den Strafvollzug nahezu gleichgültig. Jeder, der gegen die Sitten und Gebräuche seines Gewerbes verstieß, der die Handwerksehre verletzte, sich nicht an Beschlüsse seiner Zunft oder Bruderschaft hielt, einen Richterspruch des Handwerks nicht anerkannte oder sich ihm entzog, wurde ‚unredlich' gemacht. Die Gesellen schalten ihn und trieben ihn auf, d. h. sein Name wurde durchs ganze Land getragen und jeder, der mit ihm verkehrte, bei oder neben ihm arbeitete, mußte die gleiche Strafe gewärtigen. Sie richtete sich nicht nur gegen einzelne Meister und Gesellen, denen das Arbeiten unmöglich gemacht wurde, sondern auch gegen ganze Innungen und Städte. Der Reichsabschied selbst war ja durch die Vollstreckung eines solchen Spruchs der Augsburger Schuhknechte gegen die Obrigkeit ihrer Stadt hervorgerufen worden. 1744 wurde die Breslauer Tuchschererinnung von den Gesellen gescholten, weil sie die königliche Kriegs- und Domänenkammer veranlaßt hatte, die Feiertage zu kürzen und weil sie, als die Gesellen daraufhin in den Ausstand traten, gegen jeden Zunftbrauch verheiratete Gesellen und Bönhasen beschäftigte. Trotz des Eingreifens der Obrigkeit zugunsten der Meister galt das Breslauer Tuchschererhandwerk in der ganzen Gegend als unehrlich. Gesellen, die dort gearbeitet hatten, wurden nirgendwo anders eingestellt. Ein Tuchscherenschleifer, der den Breslauern die Scheren geschliffen hatte, wurde von den Tuchscherern anderer Städte nicht mehr beschäftigt, und kein Lehrling, der in Breslau in der Zwischenzeit freigesprochen worden war, wurde in die ‚Gesellschaft' aufgenomen. Nach zwei Jahren kamen die Tuchscherer von Posen, Lissa, Rawitsch, Zduny und Bojanowo zu einem Kapitel in Posen zusammen und forderten die Breslauer auf, innerhalb eines Vierteljahres den gebrochenen Handwerksfrieden wiederherzustellen. Die verheirateten Gesellen sollten entlassen werden, die unredlich gewordenen Gesellen bestraft und die inzwischen ausgelernten Lehrlinge noch einmal freigesprochen werden. Nach einem Jahr kam es auf einer Handwerkstagung in Bojanowo zu einem Vergleich. Das Breslauer Handwerk erkannte gegenüber dem Tuchschererhandwerk der Woiwodschaft Posen seine handwerkswidrige

Handlung an, übernahm verschiedene Strafen und führte den größten Teil der Feiertage wieder ein. Es durfte zehn verheiratete Gesellen weiter beschäftigen und wurde wieder für ‚redlich' erklärt[29].

Bei dem Urteil über das Breslauer Tuchschergewerk fällt auf, daß es in Form eines Vergleichs zwischen der verklagten Zunft und einer Gruppe von benachbarten Zünften gefaßt ist. Offensichtlich vertreten die Tuchscherer der Woiwodschaft Posen das ganze Tuchschererhandwerk. Ob ihnen diese Vertretung von der Gesamtheit der anderen Tuchschererzünfte übertragen worden ist, ist nicht ersichtlich, jedoch unwahrscheinlich, da es nur für wenige Handwerke eine zentrale Instanz gab. Offenbar handelten sie als die von der Unredlichmachung der Breslauer am meisten Betroffenen aus eigener Initiative und Verantwortung. Daß sie dabei selbst den Handwerksbrauch wahrten, lag in ihrem eigenen Interesse, da auch sie gescholten wurden, wenn sie ihn brachen. Die Garantie für die Aufrechterhaltung der Handwerksehre liegt also in der gegenseitigen Kontrolle. Nur solange die Mehrzahl sie anerkennt, ist sie gültig. Daß alle in der Sitte stehen und sie heilig halten, macht ihre Macht aus. Sobald die Reflexion über ihren Sinn und ihre Zweckmäßigkeit einsetzt, ist sie im Innersten gebrochen und verliert ihre Kraft. Wenn die polnischen Tuchscherer den Breslauer Kollegen zugestehen, zehn verheiratete Gesellen weiterzubeschäftigen, weil es offenbar unbillig ist, ihnen das Brot zu nehmen, und wenn die anderen Handwerke dagegen nicht Protest erheben, ist schon ein Stück aus der Handwerkstradition herausgebrochen. Die nächste Generation wird sich auf den Vergleich der Eltern berufen können, und bald werden verheiratete Gesellen nichts Außergewöhnliches mehr sein. Auf diese Weise ist der Handwerksbrauch im 18. Jahrhundert an vielen Stellen durchlöchert worden. Gleichgültigkeit gegenüber dem Herkommen, rationale Erwägungen, wohl auch Gehorsam gegenüber dem obrigkeitlichen Gesetz, kurz ein Schwächerwerden der Tradition und ein Stärkerwerden des Individuums und des Staates, lassen die Handwerks-Gewohnheit verblassen. Aber noch durch das ganze Jahrhundert hindurch ist sie existent und gibt Beweise einer erstaunlichen Lebenskraft.

Ein besonders instruktives Beispiel ist die Schimpfung der Danziger Tischler. Sie geschah 1751 und dauerte fast ein halbes Jahrhundert. Die Ursache war ein Streit zwischen Meistern und Gesellen, in dessen Folge einige Gesellen mit Zuchthausarbeit bestraft worden waren. Die Gesellen schmähten die Meisterzunft und isolierten sie damit von den Tischlern des Reiches. Erst 1798 entschlossen sich die Danziger Tischler, die Schmähung von sich nehmen zu lassen, damit wieder fremde Gesellen zu ihnen kämen und die eigenen Lehrjungen ins Reich wan-

[29] Wissel, Des alten Handwerks Recht und Gewohnheit I, 479 ff.

dern könnten. Sie baten die Gesellenbruderschaften in Hannover, Hamburg und Kopenhagen, Deputierte zu senden, um das Handwerk wieder redlich zu machen. Die Bruderschaften kamen dieser Bitte nach. Offenbar hatten die Danziger Tischler nur die Reisekosten für die Deputierten und eine gewisse Gerichtsgebühr zu bezahlen. Auch die Breslauer Tischler riefen um die gleiche Zeit die hannoversche Brüderschaft als Richter an, und noch 1803 zahlte eine kleine westpreußische Tischlerzunft sechzig Taler nach Hannover, um wieder redlich gesprochen zu werden. Ob die Brüderschaft der Tischler zu Hannover, Hamburg und Kopenhagen als eine richterliche Instanz innerhalb des Tischlergewerks anerkannt wurde, oder ob es sich nur um eine der gewöhnlichen Erkenntnisse aus dreier Herren Länder handelte, geht daraus nicht eindeutig hervor. Allerdings lassen sich für die Maurer und Zimmerleute besondere Gerichtsbehörden nachweisen[30]. Da ihre Tätigkeit durch die Reichs- und Landesgesetze verboten war, spielte sie sich im 18. Jahrhundert im geheimen ab, und es sind wenig Unterlagen dafür vorhanden. Nur wenn die Tatsachen den Behörden zu Gehör kamen, wie bei den Tischlern in Danzig, Breslau und Stolzenberg, hat sie aktenmäßigen Niederschlag gefunden. Hier ließen die Regierungen und Magistrate die Angelegenheit untersuchen, unterrichteten die Nachbarregierung und legten der Zunft wegen verbotener Korrespondenz eine Geldstrafe auf[31]. Daß die „Erkenntnis aus dreier Herren Länder" trotz des Verbotes im Reichsgesetz auch noch am Ende des 18. Jahrhunderts eingeholt wurde und einzelne Bruderschaften regelrechte Gerichtssitzungen kannten, ist ebenfalls mehrfach bezeugt. So haben noch 1800 die Bremer und Hannoveraner Schuhmachergewerbe einen Streit dadurch geschlichtet, daß sie sich aus Hamburg, Kassel und Danzig Gutachten schicken ließen[32], und der Großvogt der Bruderschaft der Brauknechte in Hamburg hielt auf einer hohen Bühne, das Recht genannt, noch durch das ganze Jahrhundert feierlich das Gericht ab[33].

Häufiger als die Schmähung einer ganzen Zunft ist das Schelten und Auftreiben eines einzelnen Meisters oder Gesellen und die oft damit verbundene Gerichtsverhandlung, die den Betroffenen eine Sühne auferlegte und ihn wieder redlich machte. Der natürliche Schauplatz dieser Rechtsprechung war die Versammlung der Zunftmeister, die Morgensprache. Aber nach dem Reichsgesetz war ihr die Rechtsprechung aus der Hand genommen, zumindest mußte der Handwerksbeisitzer des Rates anwesend sein. Deshalb verlagerte sich das Schwer-

---

[30] Ebenda I, 282 ff.
[31] Ebenda I, 284.
[32] Ebenda I, 298.
[33] Ernst Mummenhoff, Der Handwerker in der deutschen Vergangenheit. Monographien zur deutschen Kulturgeschichte 8. Leipzig 1901, S. 24.

gewicht der handwerklichen Gerichtsbarkeit im 18. Jahrhundert mehr und mehr in inoffizielle Zunfversammlungen, insbesondere die Schenken der Gesellen; vermutlich gewann auch das rigorose Strafmittel des Scheltens und Auftreibens an Gewicht, seit offizielle Geldstrafen nicht mehr erteilt werden durften. Nicht alle Obrigkeiten hielten so streng auf den Reichsabschied, daß sie jede Handwerksgerichtsbarkeit als „Mißbrauch" ausrotteten. Viele der kleineren Regierungen und städtischen Räte erlaubten den Zünften unter ihrer Aufsicht, weiterhin Handwerksvergehen nach Handwerkssitte zu untersuchen und abzuurteilen. Sogar Verdächtigungen auf Diebstahl konnten auf diese Weise noch geklärt werden. So entschied die Regierung in Schleswig 1770 gegen den Rat der Stadt Kiel, daß ein Maurergeselle, der des Diebstahls in Riga beschuldigt worden war, nach Handwerksbrauch nach Riga zurückwandern müsse, um sich von dem Vorwurf reinigen zu lassen. Die Kieler Maurer hatten ihm, als zwei Gesellen von dem Verdacht erzählten, das Handwerk gelegt und das Rückwandern gefordert, die Morgensprachherren wollten ihn jedoch vorläufig weiterarbeiten lassen, bis die Untersuchung abgeschlossen sei. Da sich die Beschuldigung als gegenstandslos erwieß, mußte dann allerdings das Maureramt in Kiel vor dem versamelten Rat Abbitte leisten, dem Gesellen eine Ehrenerklärung geben und Schadenersatz zahlen, aber die Rechtsfindung war zunächst noch den Handwerkern überlassen geblieben[34].

Der Katalog der Vergehen, die das Handwerk auf diese Weise sühnte, umfaßt vor allem alle Arten des unehrbaren Verhaltens. Wenn ein Handwerker einen Hund oder eine Katze totwirft, ein Aas anfaßt, gefallenes Vieh beerdigt, mit dem Abdecker oder Scharfrichter fährt, geht, schläft, ißt oder trinkt, wenn er sich an einem Mädchen vergeht, eine Uneheliche heiratet oder mit einer Geschwächten aus einem Glase trinkt, wenn er einen Selbstmörder abschneidet, aufhebt oder begräbt, wird er „unehrlich" und muß sich durch eine Handwerksstrafe reinigen. Die Höhe der Strafe ist nach der Art des Vergehens verschieden, in jedem Falle aber ist der Betroffene bis zu ihrer Abbüßung aus dem Handwerk ausgeschlossen, und wenn er sich der Strafe entzieht, wird sein Name in den Herbergen an die schwarze Tafel geschrieben und von den Gesellen mündlich und schriftlich weitergetragen. Größere Vergehen, wie ein Diebstahl oder die Heirat einer Unehrlichen, schließen für Lebensdauer vom Handwerk aus. Der so Bestrafte wandte sich dann meist an die Obrigkeit, die ihn dem Handwerk oft wieder aufzwang. Aber die Handwerker erkannten diese Urteile selten an und behandelten den Ausgestoßenen als Pfuscher, der keinerlei Rechte in der Zunft hat. Bis zum Reichshofrat nach

---

[34] Wissel, Des alten Handwerks Recht und Gewohnheit I, 296 f.

Wien gingen diese Rechtsstreitigkeiten zwischen Zunft und Geächtetem. Gerade hier zeigt sich in jedem Fall das Stärkeverhältnis zwischen Korporation und Staat.

Daß selbst Vergehen wie das Totwerfen einer Katze im 18. Jahrhundert von den Handwerkern noch ganz ernst genommen wurden und gelegentlich groteske Folgen zeitigten, ist vielfach bezeugt. Ganze Gesellenkorporationen legten deswegen die Arbeit nieder, weil sie sich geschimpft fühlten, und die nichthandwerkliche Bevölkerung wurde in Mitleidenschaft gezogen. 1743 versiegelten die Leineweber in Poppendorf im Bistum Würzburg einem Genossen die Webstühle, weil sein Sohn eine Katze erschlagen hatte, und es bedurfte eines „Abwasch- und Auslöschungsdekrets" der fürstbischöflichen Regierung, ehe er weiterarbeiten durfte[35]. Besonders eindrucksvoll ist ein Bericht über solche Ereignisse, wenn er von einem Manne stammt, der in die Welt des klassischen Weimar gehört, weil daran erst ganz deutlich wird, wie nahe diese Sitten an die Gegenwart reichen und wie bedeutsam sie noch zu Goethes Zeiten für den deutschen Bürger gewesen sind. Goethes Duzfreund Carl Friedrich Zelter, der in Berlin das Maurerhandwerk erlernt und ausgeübt hat, erzählt in seiner Autobiographie, wie in den letzten Regierungsjahren Friedrichs des Großen die Berliner Maurer in Aufruhr gerieten, weil ein Geselle einem Kollegen eine tote Katze in den Kalkkasten geworfen hatte. Augenblicklich warf der Geschimpfte das Handwerkszeug von sich, die anderen Gesellen folgten seinem Beispiel, verließen den Bau und zogen in die Stadt, um die übrigen Maurer zu bewegen, das Bauen einzustellen, bis der Schimpf vom Handwerk genommen sei. Die ganze Stadt geriet in Aufregung, das Militär wurde gegen die Maurer in Bewegung gesetzt, „und es gab einen Lärm, der eine ganze Woche dauerte"[36].

Neben der Jurisdiktion fordern die Zünfte vor allem in der Ausübung ihrer berufsordnenden und ökonomischen Funktion volle Autonomie. Sie selbst wollen bestimmen, wer Lehrling, wer Meister werden darf, in welcher Reihenfolge die Marktstände besetzt und zu welchem Preis verkauft werden soll. Auch hier haben sie bestimmte Gewohnheiten, die dem obrigkeitlichen Recht oft widersprechen, doch herrschen hier meist lokale und gewerbliche Eigenheiten vor, so daß sich ein buntes Bild sehr verschiedener Ansprüche ergibt. Daß einmal erworbene Privilegien, etwa das Recht, die Zunft geschlossen zu halten, hartnäckig verteidigt werden, bedarf kaum der Erwähnung. Am wenigsten wollen sie sich das Recht der Wettbewerbsordnung und -beschränkung aus den Händen winden lassen. Unter dem Kampfruf,

[35] Ebenda I, 295 f.

[36] Carl Friedrich Zelter, Darstellungen seines Lebens. ed. Johann Wolfgang Schottländer. Schriften der Goethe-Gesellschaft 44. Weimar 1931. S. 55 f.

jedem ehrbaren Bürger seine ‚Nahrung' zu sichern, greifen sie zu jedem Mittel, um sich unliebsame Konkurrenten vom Halse zu halten. Das Streben, die Zunft zu schließen, die Gesellen- und Lehrlingszahl zu beschränken und die Produktion gleichmäßig zu verteilen, wird ergänzt durch die Jagd auf Pfuscher, Störer und Bönhasen. Das obrigkeitliche Recht des 18. Jahrhunderts verbot den Zünften, selbständig gegen die außerzünftigen Handwerker vorzugehen. Wo es den Zunftzwang beseitigte, machte es die Bönhasenjagd überhaupt ungesetzlich. In der Mehrzahl der Städte und Gewerbezweige blieb der Zunftzwang jedoch erhalten und den Zünftigen wurde das Recht zugesprochen, in Begleitung einer Amtsperson oder zumindest mit Wissen des Rates nach Bönhasen zu suchen. Die Hamburger Ämter und Brüderschaften durften mit Erlaubnis des präsidierenden Bürgermeisters und in Begleitung eines Stadtdieners durch höchstens vier Meister „die Wohnungen, Saalen, Bodens und Winkel der Bönhasen und Widerwertigen visitieren" lassen. Zwar durften sie vorgefundene Pfuscherarbeit nicht zerstören, aber auf ihre Anzeige hin mußte der Bönhase beim erstenmal zehn, beim zweiten Male zwanzig Taler Strafe zahlen. An den Toren der Stadt durften die Ämter Aufpasser aufstellen, um zu verhindern, daß „zu Abbruch hiesiger Ampts-Meister Nahrung" fremde Handwerksware eingeschmuggelt werde. Die Ware konnte den Einführenden weggenommen werden, und der Besteller hatte zehn Taler Strafe zu zahlen. Bis weit ins 19. Jahrhundert hinein haben die Zünftigen die Bönhasen gejagt und die Strafe meist auch gleich handgreiflich vollzogen. Noch 1802 kam es in Bremen zu Tätlichkeiten, als einige Zünfte Eingriffe in ihre Gerechtsame bestrafen wollten, und 1825 beschwerte sich das Bremer Tischleramt beim Senat, daß die Verfolgung der Bönhasen immer schwieriger werde, weil „der Pöbel die Partei der Verfolgten ergreife". Erst 1850 beschloß der Senat nach mehrmaligen Eingaben des Konvents freier Gewerbe, das „Haussuchen von Seiten hiesiger Ämter und Societäten wegen Eingriffe in Amtsgerechtsame" zu verbieten, ohne daß er die Gerechtsame selbst schon aufhob, ja den Zünften wurde sogar der Schutz ihrer bisherigen Privilegien noch einmal ausdrücklich versichert[37].

Wendet sich die Bönhasenjagd gegen Wettbewerb durch Zunftlose, so richtet sich die Arbeitsabgrenzung gegen die Konkurrenz der Nachbarzünfte. Die preußischen Generalprivilegien hatten dem Streben der Handwerker nach genauer Verteilung der Arbeit Rechnung getragen, indem sie detaillierte Kataloge konkurrenzloser und konkurrierender Arbeitsvorgänge aufstellten. In anderen Territorien war man großzügiger gewesen und hatte entweder auf das Herkommen oder auf die Selbsthilfe der benachteiligten Handwerker vertraut. Des-

[37] Wissel, Des alten Handwerks Recht und Gewohnheit I, 341 ff.

halb reißen die Zunftstreitigkeiten über die Arbeitsverteilung nicht ab. Bezeichnend ist, daß sich die Zünfte in diesen Fragen stets an die Obrigkeit wenden. Innerhalb der Zunft gilt die eigene Jurisdiktion wohl, wo aber die Handwerke gegeneinander stehen, muß die Obrigkeit schlichten. Die Juristen, die am Ende des 18. Jahrhunderts über das Handwerksrecht schreiben, nehmen daher auch meist Kataloge der Arbeiten auf, die den einzelnen Gewerben nach geltendem Recht oder Handwerksgewohnheit zustehen. So dürfen die Sattler keine Zäume, Halfter, Steigleder, Gürtel, Binde- oder Steigriemen herstellen, weil diese in das Gebiet der Riemer fallen; die Tischler dürfen in der Werkstatt nur Leim und hölzerne Pflöcke benutzen, während die Nägel in den Bereich des Zimmermanns fallen, und die Taschner können weder Schloß noch Eisenwerk verwenden, weil die Arbeit mit Ringen, Schlössern und Eisen den Beutlern gehört[38]. Bis weit ins 19. Jahrhundert hinein verteidigen die einzelnen Gewerbe diese Arbeitsmonopole. Noch 1826 beginnen die Hamburger Grobbäcker einen Prozeß gegen den Weißbäcker Grothe, weil er in zwei Backöfen bäckt und damit in ihr Ressort vordringt. Der Rechtsstreit dauert mehrere Jahre und wird schließlich von den Grobbäckern gewonnen[39]. Selbst während der achtundvierziger Revolution richtet sich ein beträchtlicher Teil der Eingaben, die die Handwerker dem Handwerkerkongreß in Frankfurt vorlegen, gegen die unbefugte Grenzüberschreitung der Nachbargewerbe. Die Berliner Messerschmiede und Instrumentenmacher wünschen ein Verbot der Solinger Fabrikate, die Siebmacher fühlen sich von den Nadlern und Scherenschleifern eingeengt, die Friseure wehren sich gegen den Haarschnitt der Barbiere und die Kleinböttcher gegen die Wasser- und Milcheimer der Großböttcher[40].

Die dritte Art der Wettbewerbsbeschränkung gilt den eigenen Zunftgenossen. Keiner soll über den anderen hinauswachsen, keiner dem anderen Arbeit wegnehmen, Gesellen abspenstig machen oder Kunden verkümmern. Die gegenseitige Kontrolle und die solidarische Aktion gegen Außenseiter ist hier naturgemäß besonders wirksam, und das Prinzip der genossenschaftlichen Gleichheit innerhalb einer auf Ungleichheit aufgebauten Gesellschaftsordnung, das zu den entscheidenden Unterschieden zwischen der ständischen Welt Alteuropas und der modernen industriellen Arbeitswelt gehört, kommt hier besonders deutlich zum Vorschein. Es garantiert eine relative Stabilität der wirt-

---

38 Johann Heinrich Fricke, Grundsätze des Rechts der Handwerker. Göttingen und Kiel 1771, S. 119 ff. Wissel, Des alten Handwerks Recht und Gewohnheit I, 322.

39 H. Nirrnheim, Zur Geschichte der Bäcker in Hamburg. Mitteilungen des Vereins für Hamburgische Geschichte 8 (1940), S. 529.

40 Stadelmann-Fischer, Die Bildungswelt des deutschen Handwerkers um 1800, VII. Kapitel.

schaftlichen Verhältnisse ebenso wie der politisch-sozialen Funktionen. Sobald es ins Wanken geriet, konnte jene Dynamik eindringen, die bei einer grundsätzlichen und juristischen Gleichheit aller zu einer zunehmenden Differenzierung und praktischen Ungleichheit führte, der sich die ökonomisch und „geistesgeschichtlich" Zurückbleibenden in gleicher Weise zu widersetzen suchten, ohne daß es ihnen gelingen konnte, die einmal in Bewegung geratene Gesellschaftsordnung wieder in die alten Schranken zurückzuführen. Neue Verstrebungen und Halteseile mußten gefunden werden, um die in diesem Umschichtungsprozeß Verbrauchten aufzufangen und in das neu entstehende und sich ständig wandelnde Gesellschaftsgebilde einzufügen. Zu den in dieser modernen Welt grotesk wirkenden, in der Vorstellungswelt der alten Handwerker jedoch ganz natürlichen Erscheinungen gehört ein Vorgang wie die Bestrafung, die die Biberacher Hutmacher 1717 an ihrem Obermeister wegen Überschreitung der einem ehrbaren Handwerker gesetzten Unternehmungsgrenzen vornahmen. Meister Hemmerlin hatte seinen Schwiegersohn, der ebenfalls das Meisterrecht besaß, mit in seine Werkstatt aufgenommen und mit ihm zusammen die Kirchweih- und Wochenmärkte in Schussenried und Ochsenhausen besucht. Auf dem Markt seiner Heimatstadt beanspruchte aber jeder der beiden Meister seinen eigenen Stand. Das Handwerk entschied in Gemeinschaft mit der Saulgauer Zunft, daß zwei Meister, die in einer Werkstatt arbeiten, nur einen Stand einnehmen können, und als der Obermeister, auf eine Magistratsentscheidung zu seinen Gunsten gestützt, sich nicht fügte, wurde er seines Amtes „zu seiner höchsten Beschimpfung und Nachteil" enthoben, seiner Meisterrechte, insbesondere der Lehrlingsausbildung, verlustig erklärt und unredlich gemacht. Da er sich offenbar noch immer nicht fügte, plünderte man seinen Stand und sperrte ihn selbst in den Turm. Der Landrichter mußte eingreifen, um Meister Hemmerlin wieder in Freiheit zu setzen und seinem Handwerk nachgehen zu lassen[41].

Daß die Handwerker in ähnlicher Weise gegen Genossen vorgingen, die eine neue Produktionsweise oder gar eine Maschine einzuführen versuchten, ist bekannt genug. Noch 1796 kam die Regierung von Vorderösterreich dem Verlangen nach, eine Spinnmaschine, die von zwei Schweizern erfunden worden war, zu verbieten, weil sie „die Handarbeit und Nahrung vielen Menschen zu entziehen und solche künstlich zu ersetzen drohe"[42]. Bei den Papiermachern war es noch im letzten Drittel des Jahrhunderts Sitte, diejenigen für geringer zu halten, die das Papier mit einem Eisenhammer schlugen, statt es mit

[41] Wissel, Des alten Handwerks Recht und Gewohnheit I, 326 f.

[42] Eberhard Gothein, Wirtschaftsgeschichte des Schwarzwaldes und der angrenzenden Landschaften. Straßburg 1892, I, 757 ff.

der Hand Bogen für Bogen zu glätten. Und die sogenannten „schwäbischen Stampfer“, die mit einer in Holland erfundenen Zylindermaschine arbeiteten, galten als Pfuscher und standen außerhalb der Zunft. Hätten nicht einzelne mutige Glätter, wie die Familie der Keferstein in Cröllwitz bei Halle, gewagt, die Zunftsitten zu brechen und holländische Maschinen zu bauen, so wäre die deutsche Papiermacherzunft bis ins 19. Jahrhundert außerhalb der technischen Entwicklung der Papierfabrikation geblieben[43]. Papiermacherverordnungen, wie die der Papiermacher in Österreich unter der Enns von 1768, hoben zwar ausdrücklich den Unterschied zwischen Glättern und Stampfern auf[44], aber noch in den zwanziger Jahren des 19. Jahrhunderts unterschieden die Papiermacher die zünftigen Mühlen von den unzünftigen Manufakturen, und die Zunftgesellen trugen einen anderen Schurz als die unzünftigen Arbeiter[45].

Ehe die Maschinen es einzelnen Meistern ermöglichten, sich einen größeren ‚Nahrungsspielraum‘ zu schaffen, war es leichter, die Betriebsgröße und den Verdienst der Handwerksgenossen gleichmäßig zu halten. Die Zahl der Gesellen und Lehrlinge konnte festgesetzt, der Verkauf und Einkauf genossenschaftlich organisiert und die Arbeitszeit geregelt werden. Gelegentlich fixierte man auch ein Produktionsmaximum. So durfte ein Solinger Schwertschmied nicht mehr als vier Schwerte, ein Messerschmied höchstens zehn Stechmesser täglich herstellen, und der Zeichenmeister hatte darüber zu wachen, daß dieses Maximum nicht überschritten wurde. Er durfte nur die vorgeschriebene Zahl von Klingen zeichnen und hatte darüber Buch zu führen, so daß er selbst wieder kontrolliert werden konnte[46].

Daß die einfachste und üblichste Konkurrenzeinschränkung, die Preisabsprache, auch den alten Handwerkern geläufig war, bezeugen die vielen Verordnungen, in denen die Stadtherren, der Rat oder der Landesfürst die Festsetzung des Mindestpreises durch die Zünfte untersagen. Heinz Zatschek hat neuerdings wahrscheinlich gemacht, daß die ‚Einungen‘ der Handwerker Wiens, die im Mittelalter häufig verboten wurden, nichts weiter als Kartelle waren, die die ‚Zechen‘, wie die Wiener Zünfte hießen, immer wieder zu bilden versuchten. So hätten sich die Verbote der Stadtherren nicht gegen die Handwerkerorgani-

---

[43] Vgl. die biographische Skizze Kefersteins in Stadelmann-Fischer, Die Bildungswelt des deutschen Handwerkers um 1800 und Georg Christoph Keferstein, Unterricht eines Papiermachers an seine Söhne. Stolberg 1936. Nach dem Erstdruck Leipzig 1766.

[44] Otruba, Der niederösterreichische Arbeiter, S. 164.

[45] Lebrecht Orlando Keferstein, Gekrönte Preisschrift ... in Hannoversches Magazin, 64. bis 67. Stück, 1826; und 100 Jahre J. W. Zanders. Bergisch-Gladbach 1929, S. 3.

[46] Alphons Thun, Die Industrie am Niederrhein und ihre Arbeiter. Leipzig 1879, II, 10 ff.

sationen als solche gewandt, wie früher vielfach angenommen wurde, sondern nur gegen die Wettbewerbsbeschränkung mittels Preisfixierung[47]. Ähnliches läßt sich durch die ganze Neuzeit feststellen. Die Obrigkeiten versuchen, gegen die Absprachen der Handwerker entweder mit Verboten vorzugehen, oder geben selbst Preis- und Lohntaxen, die entweder die Höchstpreise anzeigen oder als Festpreise gelten. Es ist jedoch nicht richtig zu behaupten, daß der feste Preis vor der Herrschaft des Wirtschaftsliberalismus im 19. Jahrhundert die Regel gewesen wäre. Gerade hier variieren die Verhältnisse so stark, daß sich als Regel nur die ständige Auseinandersetzung zwischen den korporierten Interessenten und der beaufsichtigenden Behörde aufstellen läßt. Die Mittel dieses Kampfes und die Erfolge wechseln häufig; wo die Handwerker im Stadtregiment sitzen, gibt es auch längere Friedensschlüsse, aber immer wieder brechen die uralten und gleichen Gesetze wirtschaftlichen Handelns durch, daß die Verkäufer ihre Ware so teuer wie möglich an den Mann bringen und die Käufer sie so billig wie möglich erwerben wollen.

Daß die Korporationen der Gewerbetreibenden solche Absprachen der Produzenten erleichtern und ihnen einen Vorteil vor dem Konsumenten verschaffen, führen die Verfechter des Wettbewerbsprinzips als Hauptargument für ihre Verbandsfeindlichkeit an. Die Verteidiger der Zwangsinnung begründen ihre Haltung dagegen mit dem Hinweis, daß in den alten Zünften die berufsordnenden und sozialen Funktionen viel wichtiger gewesen seien als die wirtschaftlichen, daß die Innung nicht als ein Verband zur Erzielung hoher Preise, sondern zur Ordnung und Schlichtung des Wirtschaftslebens angesehen werden müsse. In Wirklichkeit fließen die Funktionen, die wir idealtypisch rein zwar für unsere analytischen Zwecke herauspräparieren können, immer ineinander. Dieselben Handwerker, die für die Festsetzung eines Mindestpreises eintreten, um sich ein gemächliches Einkommen zu sichern, können als Schaumeister danach sehen, daß ihre Mitmeister ordentliche Qualitätsarbeit leisten, daß sie ihre Lehrlinge nicht vernachlässigen und den Gesellen einen angemessenen Lohn zahlen. Der Kampf der Obrigkeit gegen die ‚Mißbräuche' der Zunft war ja gerade deswegen so schwierig, weil Bräuche und Mißbräuche bis zur Unkenntlichkeit ineinander verflochten und gegenseitig bedingt waren. Wenn die Handwerker die Gewerbeaufsicht für sich selbst beanspruchten, dann konnten sie mit gutem Recht anführen, daß sie allein fachmännisch beurteilen könnten, was gute und schlechte Arbeit sei, was den Bedürfnissen und Verhältnissen eines Mitmeisters entspreche. Die Stadträte hingegen mochten mit ebensoviel Recht der Unparteilichkeit

[47] Zatschek, Einung und Zeche. In: Edmund E. Stengel-Festschrift, S. 414 ff.

und Interesselosigkeit der Meister mißtrauen und zum Schutze des Publikums eine amtliche, gewerbefremde Aufsichtsperson einsetzen. Im allgemeinen waren sie durchaus bereit, den Handwerkern die Regelung ihrer inneren Angelegenheiten selbst zu überlassen, nur ihre Beziehungen zum Publikum wollten sie überwachen, um die allgemeinen Interessen wahrzunehmen. Dann stellte sich aber die schwierige Frage, wo die inneren Angelegenheiten aufhörten und das öffentliche Interesse begann. Für den Handwerker des 18. Jahrhunderts war diese Trennung zwischen einer privaten und einer öffentlichen Sphäre noch schlechthin unverständlich. In seinem Bewußtsein besaß jeder Stand gewisse Geltungsbereiche, die in Privilegien verbrieft waren. Das Wort der Bibel, dem Kaiser zu geben, was des Kaisers, und Gott, was Gottes sei, galt für ihn ebenso innerhalb der irdischen Ordnung: dem Kaiser das Reich, dem Fürsten das Land, dem Bürger die Stadt und dem Meister das Handwerk. In einer Abstufung der Rechte und Pflichten sollte jedem das Seine zukommen, und wie es für ihn anmaßend gewesen wäre, dem Landesherrn beratend oder mitregierend zur Seite zu stehen, so schien es ihm ein unberechtigter Eingriff in seine Eigentumssphäre, wenn der regierende Herrscher ihm die Privilegien zu nehmen oder zu schmälern drohte, die seine Vorfahren im Handwerk einst vom Rat oder einer höheren Obrigkeit bekommen hatten. Denn dieses Privilegium war ja, so glaubte er, nur die Bestätigung eines ihm seit alters und im Grunde von Ewigkeit her zustehenden Rechtes, das die Obrigkeit in feierlicher Form für alle Zeiten anerkannte und zu schützen versprach, weil die Handwerksmeister ihr die Treue gelobten. Sollte dieses Recht geändert werden, so mußten beide Teile einverstanden sein. So wenig die Meister einer Stadt ihrer gottgewollten Obrigkeit rechtens die Treue kündigen konnten, so wenig stand es ihr zu, dem Handwerk den Schutz zu entziehen. Und eine Verletzung der Schutzpflicht bedeutete es, wenn der Rat oder König selbst in die Sphäre des Handwerks eingriff, die Schaumeister selbst bestellte oder absetzte, den Meistern selbst das Meisterrecht verlieh und die Handwerkslade in die eigene Verwaltung nahm. Deshalb half es in den Augen der Handwerker nicht viel, dem Handwerk gewisse berufsordnende und soziale Funktionen zur Selbstverwaltung zu überlassen. Was nützte es, daß die Gesellen den Beitrag für die Herberge und die Krankenkassen selbst einziehen durften, wenn man ihnen die eigene Lade entzog und verbot, selber über ihre Genossen Gericht zu sitzen? Was galt es, daß die Zunft über die Qualität eines Meisterstücks befand, wenn man ihr Freimeister aufzwingen konnte? Was bedeutete es, daß das Handwerk „Hurenkinder" ausschloß, wenn der Kaiser sie legitimierte? Das Ganze der Handwerkswelt wollten sie haben, denn es gehörte ihnen, so wie dem Kaiser das Reich gehörte. Wenn der Obrigkeitsstaat des 18. Jahrhunderts die Zunft als eine heteronome Berufsgenossenschaft sah, die vorwiegend gewerbeordnend zu fungieren habe, so schwebte dem Handwerker noch in der Zeit der Aufklärung und der Revolution das Leitbild einer Innung vor, die autonom sei, allseitige, zumindest aber berufsordnende, wirtschaftliche und soziale Funktionen habe und über ihre Wirtschaftsgebarung durch Absprache entscheide. Und der Gegensatz, der zwischen diesen beiden Anschauungen stand, rief eine Spannung hervor, die von der Atmosphäre einer guten alten Zeit wenig verspüren ließ.

An zwei grundsätzlichen Stellen jedoch stimmten die wirtschaftspolitischen Ansichten des aufgeklärten Staates und des traditionsgebundenen Handwerkers überein und schieden sie von dem, was Staat und Wirtschaft des 19. Jahrhunderts bringen würden. Die Zunft sollte, trotz mancher Mängel, eine Zwangsinnung sein und das Handwerk eine feste Berufsordnung besitzen. Erst wenn diese beiden Voraussetzungen fallen, wenn es dem Gewerbetreibenden freigestellt wird, mit seinen Genossen sich zusammenzuschließen und wenn grundsätzlich jedem die Befähigung zugesprochen wird, sich durch seine handwerkliche Geschicklichkeit zu ernähren, wird die Revolution in der gewerblichen Wirtschaft beginnen.

III. Die Umgestaltung des Handwerksrechts im 19. Jahrhundert

Als Napoleon das Gefüge des alten Reiches auseinanderbrach, schuf er auch die Voraussetzungen für eine extreme Differenzierung des Gewerberechts auf deutschem Boden. Während in beträchtlichen Teilen Deutschlands das Herkommen fortdauerte, zog im französisch besetzten Rheinland, in Westfalen und den Hansestädten mit der politischen Verfassung der Revolution auch die Gewerbefreiheit ein, und der Zusammenbruch des friderizianischen Staatswesens gab in Preußen den Anstoß, in der „Revolution von oben" das Gewerberecht radikal zu verändern. Aus der militärischen und ideellen Niederlage und dem Geist des Widerstandes gegen die Unterdrückung erwuchs hier ein Pathos der Freiheit, das selbst in der Sprache des Gesetzes seinen Niederschlag fand. Die Mandate und Edikte aus den Jahren 1806 bis 1810, die erst in einzelnen Provinzen und schließlich im ganzen Staatsgebiet die Gewerbefreiheit einführten, verkündigen in großartigem Schwung, daß die Freiheit dem Wohle der Menschen am förderlichsten sei und daher auch in der Wirtschaft Platz greifen müsse. Frei soll jedermann sein in der Wahl seines Berufes, in dem Wechsel des Wohnortes und in der Ausübung seines Gewerbes. Daher muß das ganze Zunftrecht fallen. Aber nur die Ausnahmesituation eines verlorenen Krieges oder der Herrschaft militärischer Befehlsgewalt machte einen so radikalen Umbau der Gewerbeverfassung möglich. Wo die politischen Verhältnisse beim alten blieben oder der Anschluß an das französische Herrschaftssystem durch Bündnisse statt durch Unterwerfung vollzogen wurde, erhielten sich die althergebrachten Formen am Leben, und nach der Niederlage Napoleons kamen mit den angestammten Fürsten und Beamten auch die ehrsamen Zünfte wieder zurück. In Hamburg und Bremen, in Kurhessen und Hannover schaffte man die Gewerbefreiheit bald wieder ab und restaurierte die Zünfte fast vollständig. Zwangsinnung und Bannmeile, Bönhasenjagd und Wanderpflicht, alle die für das Zunftrecht charakteristischen Restriktionen gegenüber Außenseitern, Nachbarzünften und Zunftgenossen, lebten noch einmal auf, ehe sie im Lauf des Jahrhunderts langsam abstarben, weil sie in einer veränderten Umwelt, im Zeitalter der Eisenbahn und des liberalen Staates keinen Boden mehr fanden. Aber der Kampf um die Prinzipien des Gewerberechts währte noch über ein halbes Jahrhundert, bis sich die Niederlassungsfreiheit in den Sechzigern als Allgemeingut durchsetzte, und keine dreißig Jahre später gewann mit der Einführung der Zwangsinnung und des kleinen Befähigungsnachweises der „Zunftgeist“ schon wieder die Oberhand.

Es ist daher falsch, mit dem 19. Jahrhundert in Deutschland eine Periode der Gewerbefreiheit beginnen zu lassen. Das Kennzeichen dieses Jahrhunderts ist vielmehr ein ständiges Hin und Her zwischen Aufhebung und Wiedereinführung von Innungen, zwischen Schwächung und Stärkung ihrer Positionen. Während der ersten Hälfte des Jahrhunderts herrschte Gewerbefreiheit außer in Preußen fast nur in den ehemals französisch besetzten Gebieten des Rheinlandes, und auch in Preußen galt sie nicht durchweg. Denn in den im Wiener Kongreß neu erworbenen Gebieten blieben die Verhältnisse bis zu der allgemeinen Gewerbeordnung von 1845 so, wie sie vorgefunden worden waren: in den größten Teilen der Rheinprovinz herrschte totale Gewerbefreiheit, selbst ohne die polizeilichen Beschränkungen, die das Edikt vom 2. November 1810 in den altpreußischen Gebieten noch belassen hatte, ähnlich in Westfalen; aber in Neupommern, Posen, einzelnen Teilen der Regierungsbezirke Erfurt, Arnsberg, Münster und Koblenz bestanden die alten Zunftverfassungen fort, und in der neuerworbenen Provinz Sachsen waren die gewerblichen Rechtsverhältnisse so unterschiedlich gelagert, daß kaum jemand die Übersicht behalten konnte. Allgemeine Schlüsse über die Wirksamkeit der Gewerbefreiheit lassen sich daher nicht einmal für ein einheitliches Staatsgebiet wie das preußische ziehen, und die Urteile über ihren Einfluß auf die wirtschaftliche Entwicklung können nur mit äußerster Vorsicht und Zurückhaltung gefällt werden.

Zuvor muß jedoch noch geklärt werden, was sich hinter dem Schlagwort von der Gewerbefreiheit eigentlich verbirgt. Im weitesten Sinn bedeutet Gewerbefreiheit die vollständige Unabhängigkeit des Gewerbetreibenden von aller staatlichen oder korporativen Beschränkung und Aufsicht. Jedermann darf auf jede beliebige redliche Weise überall seinem Verdienst nachgehen. In dieser extremen Form ist die Gewerbefreiheit in Deutschland fast nirgends verstanden worden. Auch in Preußen gab es eine polizeiliche Aufsicht und einen Befähigungsnachweis für bestimmte Gewerbe, besonders die Heilberufe, und die Lösung des Gewerbescheins gab dem Staat die — schon steuerlich notwendige — Übersicht über die Zahl und Art der Gewerbe, die betrieben wurden. Hier bedeutet Gewerbefreiheit wesentlich Niederlassungsfreiheit. Jedermann darf sich an jedem beliebigen Ort als Gewerbetreibender anmelden, ohne daß er etwas anderes als seine Unbescholtenheit nachweisen muß. Nach Ausbildung und Befähigung, Herkunft oder Vermögen wird nicht gefragt. Außer der Zahlung einer

Gewerbesteuer erwachsen ihm keine Verpflichtungen. Aber auch in dieser Weise ist die Gewerbefreiheit in Deutschland kaum verbreitet gewesen. Die meisten Territorien hielten sie schon für hergestellt, wenn der Zunftzwang aufgehoben und jedem, der seine Befähigung durch eine Meister- oder Gesellenprüfung nachgewiesen hatte, die Ausübung seines Handwerks gestattet war, ohne daß er einer Innung beizutreten brauchte. Um die Innungen zu hindern, indirekt durch eine willkürliche Handhabung des Prüfungsrechts auf die Besetzung der Gewerbe Einfluß zu nehmen, stellte man die Prüfungen meist unter staatliche Aufsicht. Der Meister unterschied sich vom Gesellen dann im wesentlichen dadurch, daß ihm das Ausbildungsrecht für Lehrlinge vorbehalten blieb. Diese Form der Gewerbefreiheit, die die Ausübung eines Gewerbes von einem kleinen oder großen Befähigungsnachweis abhängig macht, also eine feste Ausbildungsordnung voraussetzt, hat sich wohl in Deutschland am weitesten verbreitet. Aber auch sie kann noch in verschiedener Richtung eingeschränkt werden, ohne daß man schon von einer Annullierung der Gewerbefreiheit sprechen könnte. Einmal kann das Niederlassungsrecht an den Ort oder Bezirk gebunden sein, in dem Befähigung nachgewiesen wurde, oder das Land kann von der Niederlassungsfreiheit ausgeschlossen, die Freizügigkeit also eingeschränkt sein, zum anderen kann der Innungszwang gelten und nur die Zahl der Gewerbetreibenden freigegeben sein. In diesem engsten Sinne ist Gewerbefreiheit nichts weiter als ein Verbot der geschlossenen Zunft. Jeder geprüfte Handwerksmeister darf sich an dem Ort seiner Prüfung in seiner Branche niederlassen, wenn er der Innung beitritt. Es ist der Korporation der Handwerker und der Obrigkeit nicht gestattet, ihm die Niederlassung zu verweigern, wenn er diese Bedingungen erfüllt.

Zwischen diesen fünf Formen der Gewerbefreiheit, der totalen, der polizeilich oder durch Befähigungsnachweis, Ortsgebundenheit und Innungszwang beschränkten Niederlassungsfreiheit sind verschiedene Mischformen und Variationen möglich. Es kann Innungszwang ohne Befähigungsnachweis herrschen oder Freizügigkeit bei Innungszwang und Befähigungsnachweis; die Rechte der Meister und Gesellen können abgestuft sein und vor allem verschiedene Ordnungen für verschiedene Gewerbe gelten. Auch die Zunftverfassung hatte ja das Nahrungsmittelgewerbe und die Heilberufe unter strengere Aufsicht und Preisbindung gestellt als das Gros der Handwerke, und der merkantilistische Staat tendierte dazu, den Exportgewerben größere Freiheiten einzuräumen als den übrigen. Die Unterscheidung von Kommerz- und Polizeihandwerken, die das österreichische und bayerische Gewerberecht des 18. Jahrhunderts gemacht hatte, diente der Klassifikation der Gewerbe nach ihrer Marktsituation, so daß in der Gesetzgebung zwischen den vertreibenden und den einen lokalen Bedarf befriedigenden Handwerken differenziert werden konnte. Auch die Bindung des Handwerks an die Stadt und die Beschränkung der Gesellenzahl war seit altersher für die Gewerbe verschieden gehandhabt worden. Während Schmiede und Wagner oft auf dem Lande arbeiten durften, blieben die Goldschmiede und Uhrmacher an die Städte gebunden, und wenn in den meisten Handwerken die Gesellenzahl auf zwei bis drei festgesetzt war, konnten die Maurer- und Zimmerleute zwanzig und noch mehr Gesellen beschäftigen. Die Aufhebung dieser Bindungen gehört neben der Niederlassungsfreiheit zu den Attributen der Gewerbefreiheit. Daß ein Meister beliebig viele Gesellen beschäftigen darf, daß er auch ungelernte Arbeiter einstellen kann, daß er sein Geschäft ausdehnen, Zweigbetriebe eröffnen und die Arbeitsteilung vorantreiben kann, sind Erfordernisse, die in den meisten Gewerbegesetzen nur am Rande berührt werden, denn sobald der Innungszwang fällt, fallen auch diese Gesetze der Zunft. Problematisch werden diese Fragen nur, wo die Gewerbefreiheit zu einem Verbot der Niederlassungsbeschränkung einschrumpft. Hier ist durchaus die Möglichkeit gegeben, daß die weiterwirkenden Gesetze der Zunft sie an ihrer Verwirklichung hindern. Wo noch Innungszwang herrscht, können auch die Kompetenzstreitigkeiten zwischen den einzelnen Gewerbezweigen nicht zur Ruhe kommen. Wenn ein Tischler Zimmermannsarbeiten ausführt, wird er mit der Nachbarinnung in Konflikt geraten, und wenn ein Schmied Schlüssel herstellt, wird er das Mißfallen der Schlosser erregen. Das Verschwinden der Arbeitsabgrenzungen zwischen den Gewerben ist also neben dem Fallenlassen der Betriebsgrößen- und Arbeiterbeschränkung eine wesentliche Voraussetzung, daß die durch die Niederlassungsfreiheit gegebene Gewerbefreiheit sich voll auswirken kann. Hier kam die technische Entwicklung der Gewerbefreiheit besonders entgegen. Indem neue Arbeitsweisen gefunden und neue Handwerkszweige nötig wurden, ließen sich die traditionellen Grenzen der Gewerbe weder qualitativ noch quantitativ aufrechterhalten, wenn sich nicht neben einem zunftgebunden bleibenden Althandwerk neue gesetzlose Gewerbezweige entwickeln sollten. Die Entscheidung, vor der die Gesetzgebung des 19. Jahrhunderts stand, lautete daher eigentlich nur: sollen, wie bisher, neu aufkommende Industrien außerhalb der Zunftverfassung gelassen oder soll eine übergreifende Gewerbeordnung geschaffen werden, die den Bedürfnissen moderner Produktionsweisen angepaßt ist und doch gewisse Formen der hergebrachten Handwerksgesetzgebung wahrt? Solange die technische Entwicklung langsam vorangegangen war und jeweils nur einzelne Handwerkszweige berührt hatte, mochte es möglich gewesen sein, ein doppelbödiges Gewerberecht zu behalten. Wenn aber die technischen Grundlagen der gesamten Produktion sich revolutionieren, müssen sich auch die Rechtsformen ändern, die das Arbeitsleben regeln. Die Gewerbegesetzgebung des 19. Jahrhunderts hat die Konsequenzen aus dieser Entwicklung nicht voll gezogen. Sie hat zwar das alte Zunftrecht aufgelockert und kommerzialisiert, die Doppelbödigkeit des Gewerberechts jedoch nicht beseitigt, sondern an gewissen Stellen bewußt ausgebaut und konserviert. Damit hat sie die Existenz eines eigengesetzlichen Handwerkerstandes erleichtert, aber den Übergang von der Gruppe der konservativen Handwerker in die progressive Unternehmerschicht erschwert und geholfen, das Wirtschaftsgebaren auseinanderzuspalten in ein statisches Beharren in festen Formen und ein dynamisches Vorwärtsgehen ohne Grenzen. In ihrer Inkonsequenz hat die Gewerbegesetzgebung des 19. Jahrhunderts ohne Zweifel zu der Unausgeglichenheit des mitteleuropäischen Sozialgefüges beigetragen, das halb progressiv und weltmännisch, halb altväterisch und kleinbürgerlich erscheint.

Die innere Unsicherheit der Handwerkspolitik des 19. Jahrhunderts wird an den vielen sich widersprechenden Bestimmungen deutlich, die in den Gewerbeordnungen der deutschen Staaten nach und nach sich ablösten. Die Tendenzen der Zeit stehen gegen die Tradition und die Einsicht der Beamten gegen die Interessen der Betroffenen. Zwischen beiden hin- und hergerissen, bildet das Gewerberecht des 19. Jahrhunderts ein Mosaik aus vielen unzusammenhängenden Steinchen. Allgemein ist zu Beginn des Jahrhunderts nur die Tendenz, die behördliche Aufsicht, wie sie in den Jahrhunderten der Neuzeit sich ausgebildet hatte, zu verstärken und die Autonomie der Zünfte weiter einzuschränken. Die politische Funktion und das durch Kartellierung erzwungene kollektive Monopol sollen endgültig gebrochen werden. Die Wege hierzu sind jedoch verschieden und werden bald mit ängstlicher Behutsamkeit, bald mit frischer Unbekümmertheit beschritten. Die meisten Staaten begnügen sich damit, die Geschlossenheit der Zünfte aufzubrechen, den Meistern die Ausschließung anderer Meister von der Gewerbeausübung zu verwehren und sie bei der Übung des Prüfungsrechtes zu beaufsichtigen, wie es das bayerische Gewerbegesetz von 1825 anstrebt. Aber die Meisterprüfung bleibt Bedingung für die selbständige Niederlassung. Auch in Preußen wird sie bald wieder eingeführt. Meist dürfen Gesellen und Ungelernte nur allein arbeiten oder zumindest keine Lehrlinge halten. Fast überall werden freiwillige Innungen beibehalten, aber auch Zwangsinnungen gibt es noch während der ganzen ersten Hälfte des Jahrhunderts, und selbst die Trennung in Stadt- und Landhandwerke wird beibehalten. Noch 1851 stimmt in Braunschweig die Abgeordnetenkammer einer Regierungsverordnung zu, die den Sattlern verbietet, sich auf dem

Lande niederzulassen[48]. In manchen Gegenden dauern die alten Zunftprivilegien mit ihren Monopolrechten ungeschmälert noch Jahrzehnte fort; selbst in Städten, in denen unter französischem Regime die Gewerbefreiheit eingeführt worden war, treten sie wieder in Kraft, als ob nichts geschehen wäre, und werden von den Meistern mit einer Selbstverständlichkeit gehandhabt, deren Anachronismus fast gespenstisch wirkt. In Hamburg nahmen noch 1835 die jüngsten Meister des Glaseramtes im Turnus an den Toren der Stadt Einfuhrkontrollen vor, um zu verhindern, daß Glaserarbeiten, die dem Amt vorbehalten waren, von auswärts eingebracht wurden[49], und in Bremen führte das Krameramt allein im Jahre 1853 über hundert Prozesse, die meisten wegen Verletzung seiner Privilegien durch amtsfremde Personen[50].

Wie seit Jahrhunderten gilt auch die Aufmerksamkeit der meisten Gesetzgeber noch immer in erster Linie den Gesellen und ihren Verbänden. Gegenüber den Meistern sollen sie wirtschaftlich und rechtlich gestärkt, gegenüber dem Staat korporativ geschwächt werden. In den Innungen werden sie aus Untertanen zu teilweise gleichberechtigten Partnern gemacht, die Niederlassung wird ihnen erleichtert, die Koalition aber erschwert. Die Jurisdiktion der Gesellenverbände und die Selbstverwaltung ihrer Gelder, die seit Jahrhunderten vergeblich verboten worden waren, werden von neuem und diesmal wirksamer aufgehoben. Die Schenken werden in reine Herbergen umgewandelt und an Stelle der Kundschaft wird ein Wanderbuch eingeführt, das an jedem angewanderten Ort von der Polizei kontrolliert wird. In den Tagebuchaufzeichnungen und Memoiren der Wanderburschen des Vormärz spielt dieses Wanderbuch und die Plackereien mit der Polizei wegen der Visa eine beherrschende Rolle. Denn beim Verlassen eines Arbeitsplatzes mußte ein neuer Arbeitsort visiert werden, und wer von der direkten Route abwich, konnte endlose Scherereien haben. Besonders die ins Ausland Wandernden hatten große Mühe, ein Visum zu bekommen. Dem reaktionären Polizeistaat des Vormärz gelang es mit diesem Mittel zum ersten Male in der jahrhundertelangen Geschichte des Gesellenwanderns, die Landstraßen unter seine Kontrolle zu bringen, und es zeigte sich das eigentümliche Schauspiel, daß gerade die Staaten, die in ihrer Gewerbeordnung ein liberales Prinzip durchsetzen wollten, die politisch-polizeiliche Kontrolle am intensivsten ausbildeten. Auch im 19. Jahrhundert ist es nicht der schwache Staat, der die Liberalisierung in der Wirtschaft einführt, sondern der-

[48] J. Hasemann, Art. „Gewerbe" in Ersch und Gruber, Allgemeine Enzyklopädie der Wissenschaften und Künste I, 65, S. 392.
[49] Franz Lerner, Geschichte des deutschen Glaserhandwerks. Schorndorf 1950, S. 111.
[50] Ursula Branding, Die Einführung der Gewerbefreiheit in Bremen und ihre Folgen. Bremen 1951, S. 24 f.

jenige, der eine stark entwickelte und gebildete Bürokratie besitzt, die imstande ist, ihre an den Universitäten erworbenen Einsichten und Grundsätze gegen die gewerblichen Interessenverbände und lokalen Traditionen durchzusetzen. Wirtschaftsliberalismus und Staatsgewalt sind aufeinander angewiesen, und nur wer die Freiheit zu schützen vermag, kann sie sich auf die Dauer erhalten.

In den deutschen Staaten des Vormärz waren freiheitliche und autoritäre Elemente sehr eng ineinander verflochten. Zu dem politischen Mißtrauen gegen Demokratie und Demagogie gesellte sich ein unternehmerischer Fortschrittswille, der aus vorwiegend pädagogischen Antrieben gespeist wurde. Der aufgeklärte Despotismus des philosophischen Landesvaters vom Ende des 18. Jahrhunderts hatte sich institutionalisiert und bürokratisiert, während er doch durch die Revolution an entscheidender Stelle gebrochen war. Dadurch hatte er die grandseigneurale Unbefangenheit verloren, mit der er im Ançien Régime das Volk beglückt hatte, und an ihre Stelle war eine politische Vehemenz getreten, die zugleich progressiv und reaktionär wirkte, als ein Durchsetzen neuer, gerechterer Prinzipien sowohl wie als ein Sichversteifen im Gottesgnadentum des absoluten Königs. Diese Doppelgesichtigkeit des vormärzlichen Deutschland spiegelt sich auch in der Handwerksgesetzgebung wieder und tritt besonders deutlich in den Bestimmungen über das Wandern zutage. Wanderzwang und Wanderverbot stehen nebeneinander oder lösen sich unvermittelt ab. Aus grundsätzlichen liberalen Erwägungen heraus soll der Wanderzwang aufgehoben, die Wandersitte ihres erzieherischen Wertes wegen aber gefördert werden. Politische und militärische Gründe sprechen dafür, das Wandern, zumindest außerhalb des eigenen Territoriums, ganz zu untersagen, weil es Rekruten entzieht und Demokraten und Kommunisten schafft, praktische gewerbepolitische Rücksichten lassen es angebracht erscheinen, den Wanderzwang beizubehalten. Was aus dem einen Grund nützlich ist, ist aus dem andern schädlich, und eigentlich müßte in jedem Gewerbe und jeder Stadt und schließlich bei jedem Individuum besonders entschieden werden, ob eine Wanderzeit empfehlenswert sei.

Schon im 18. Jahrhundert waren die drei verschiedenen Tendenzen durcheinandergelaufen. Während die Zünfte im allgemeinen streng am Wanderzwang festhielten, hob ihn ein kaiserliches Dekret von 1772 für das ganze Reich auf, und einzelne Territorien, wie Kurhessen, verboten das Wandern ganz, damit die geldbringenden Rekruten nicht verlorengingen. Aus ähnlichen Gründen war auch in Preußen im 18. Jahrhundert das Wandern ins Ausland teilweise schon verboten worden, und seit den Revolutionskriegen hatten die meisten Länder zu ähnlichen Einschränkungen gegriffen. In Württemberg, beispielsweise, durften seit 1819 nur noch Gesellen ins Ausland, die ihre Militärpflicht abgeleistet hatten. Auf der anderen Seite blieb dort für Barbiere und Apotheker eine drei- oder vierjährige Wanderpflicht bestehen, nur für die Maurer, Zimmerleute, Steinmetzen und die Meistersöhne bei den Metzgern und Fischern wurde sie ganz abgeschafft. Und Anhalt-Dessau führte noch 1855 den Wanderzwang wieder ein. Im großen und ganzen setzte sich jedoch die Wanderfreiheit durch, weil sie einer liberalen Wirtschaftspolitik am besten entspricht. Besonders nach der achtundvierziger Revolution stellten die meisten Staaten es den Gesellen frei, ob sie wandern wollten. Daß damit das Absterben der Wandersitte, das sich in der zweiten Hälfte des Jahrhunderts feststellen läßt, beschleunigt wurde, liegt auf der Hand. Entscheidend dafür war jedoch nicht die Aufhebung des Wanderzwangs, sondern die Eisenbahn. Die Memoiren der letzten Wanderburschen, die in reicher Zahl vorliegen, bezeugen, wie die Umgestaltung der Verkehrsverhältnisse das Wandern einschlafen ließ[51]. Mehr und mehr Gesellen zogen die bequemere und schnellere Fortbewegungsart vor, sie verließen ihren Arbeitsplatz nur noch, wenn sie im voraus einen neuen in Aussicht hatten, und auch die Meister gingen allmählich dazu über, sich die Gesellen zu verschreiben. Das Geratewohl der alten Arbeitssitte verlor sich gegenüber den Anforderungen einer rationellen Technik. Die Rechtsformen konnten bei dieser Wandlung nur Hilfestellung leisten, im Grunde aber ist es ein geistiger Vorgang, in dem beide, der Wandel des Rechts und der Fortschritt der Technik, wurzeln. Die Streitfrage, ob es die technische Entwicklung oder die Rechtsordnung ist, die das Wirtschaftsgebaren der Menschen bestimmt, verblaßt vor dem größeren geistesgeschichtlichen Phänomen, daß bestimmte Ideen einander ablösen und die Ganzheit der menschlichen Lebensbeziehungen umformen. In einer gegebenen geistigen Situation mag einmal die Rechtsordnung, das andere Mal die Technik die Verhaltensweise bestimmen, je nach der Stärke, mit der ihre einzelnen Momente auftreten, wo aber der Mensch aus anderen Gründen als der ratio lebt, können ihn weder die industrielle Technik noch eine Wettbewerbsordnung zu einem rationellen Wirtschaften bewegen und umgekehrt läßt sich der moderne Unternehmertyp weder durch eine Ver-

---

[51] Einige Beispiele: Biedermeier auf Walze. Aufzeichnungen und Briefe des Handwerksburschen Johann Eberhard Dewald, 1836—1838, ed. Georg Maria Hofmann, Berlin o. J. (1936). Christian Mengers, Aus den letzten Tagen der Zunft. Erinnerungen eines alten Handwerkers aus seinen Wanderjahren. Leipzig 1910. Lebenserinnerungen eines alten Handwerkers aus Memel, des Böttchers Carl Scholl. ed. M. u. J. Rehsener, Stuttgart/Gotha 1922. August Bebel, Aus meinem Leben, 3 Bände, Stuttgart 1910—1914. Wilhelm Keil, Erlebnisse eines Sozialdemokraten, 2 Bände, Stuttgart 1947/48. Paul Löbe, Der Weg war lang. Lebenserinnerungen. Berlin 2. A. 1954.

waltungsplanung noch durch das Fehlen maschineller Arbeitsmittel von dem Einsatz der ratio bei der Planung seiner Arbeiten abhalten. Deshalb muß die Frage nach den Ursachen für die revolutionäre Veränderung der Wirtschafts- und Sozialverhältnisse in West- und Mitteleuropa während des 19. Jahrhunderts hinter die politisch-juristischen und die wirtschaftlich-technischen Erscheinungen zurückgehen. Offenbar war es eine neue Denkweise und ein neuer Lebensstil, der sich erst bei einzelnen durchsetzte und dann nach der Mitte des Jahrhunderts lawinenartig ausbreitete. Aber die Erörterung dieser Frage führt tief in die Geistesgeschichte Europas in der Neuzeit hinein und schließlich zu jenen geschichtsphilosophischen Grundproblemen, die das Maß des Erkennbaren weit übersteigen.

Halten wir uns an das empirisch Aufweisbare, so fällt auf, wie wenig exakte Aussagen sich über die Wirkung der Gewerbefreiheit machen lassen. Wenn man die zahlreichen Berichte durchsieht, die davon Kunde geben, wie die Einführung der Gewerbefreiheit oder die Wiedereinführung des Innungswesens auf die Lage des Handwerks gewirkt hat, so wird man dem Urteil Schmollers beipflichten müssen, daß tiefgreifende Wirkungen unmittelbar überhaupt nicht zu verspüren sind. Auch Veit Valentin, einer der besten Kenner des vormärzlichen Deutschland, kommt zu der Feststellung, daß es „merkwürdig" sei, wie wenig sich die Entwicklung des Gewerbes in der preußischen Gewerbefreiheit von der in den Ländern mit Zunftverfassung, etwa Sachsen, unterschied[52]. Weder lassen sich bisher verhinderte Gesellen in großer Zahl nieder, noch verlieren Meister ihr selbständiges Brot, das ihnen die Zunftverfassung bislang garantierte. Die Zunftgesetze wirken fort, auch wo sie aufgehoben werden — nicht nur in sozialen Verpflichtungen wie dem Tragen der Leiche beim Begräbnis eines Zunftgenossen, sondern vor allem in den Arbeits- und Verkaufsgewohnheiten und selbst in Streitigkeiten um die Abgrenzung der Arbeit. In Preußen entbrennt dieser Streit besonders zwischen Bauhandwerkern und Tischlern und zwischen Barbieren und Perückenmachern. Noch die Revolutionsgravamina der Handwerker von 1848 beziehen sich großenteils auf die „unerlaubte" Konkurrenz anderer Gewerbezweige.

Die Folgen der Gewerbefreiheit für den Handwerkerstand lassen sich besonders gut in denjenigen Ländern verfolgen, die erst spät zu ihr übergegangen sind, als die Statistik schon besser ausgebaut und die Aufmerksamkeit der Beamten und Wissenschaftler auf die Probleme, die sich dadurch ergaben, gelenkt worden war. In Württemberg wurde 1828 der Zunftzwang nur für dreizehn Gewerbe aufgehoben, die volle Niederlassungsfreiheit begann erst am 1. Mai 1862.

---

[52] Veit Valentin, Geschichte der Deutschen Revolution von 1848/49. Berlin 1930/31, I, 298.

Die Berichte der Lokalbehörden aus den nächsten Jahren melden übereinstimmend, daß nur der Hausierhandel beträchtlich zugenommen habe, die Struktur des Gewerbes jedoch so gut wie unverändert geblieben sei. Ganz ähnlich war es in Sachsen, wo nur die Schankwirtschaften und der Kleinhandel sich erheblich vermehrten[53]. In Bremen, wo das Gesetz vom 4. April 1861 die Privilegien der Ämter aufhob und Gewerbefreiheit für alle volljährigen Bürger der Stadt verkündete, erhöhte sich zwar die Zahl der selbständigen Handwerksgeschäfte in den nächsten vier Jahren bei den meisten Gewerben beträchtlich — die Zahl der Barbiere stieg von 12 auf 20, die der Tischler von 178 auf 224; die Drechsler vermehrten sich sogar um 50 % — aber auch bei den bisher unzünftigen Gewerben stieg die Zahl der Geschäfte in gleichem Maße an — bei den Malern etwa nahmen die Selbständigen von 80 auf 115 zu —, während bei einer ganzen Anzahl von bisher zünftigen Gewerben, etwa den Hutmachern, Knopfmachern, Korbmachern oder Zinngießern, die Zahl der Gewerbetreibenden gleichblieb oder sogar abnahm[54]. Eine plötzliche und allgemeine Übersetzung des Handwerks als Folge der Gewerbefreiheit kann also nicht angenommen werden. Zumindest differenzierte sich die Veränderung bei den einzelnen Gewerben beträchtlich, und im allgemeinen entwickelten sich die bisher zünftigen Gewerbe im gleichen Tempo wie die anderen Gewerbezweige. Daß diese Entwicklung in den Sechzigern steil aufwärts ging, kann schon aus dem Anwachsen der Selbständigen geschlossen werden, zum vollen Beweis reichen aber diese Angaben nicht aus, denn eine Zunahme der Selbständigenzahl kann natürlich auch die Vermehrung solcher Kleingewerbetreibenden bedeuten, die aus Mangel an Beschäftigung in einem fremden Betrieb sich recht und schlecht ihr Brot auf eigenen Wegen suchen. Aufschlußreicher ist schon die Zahl der Bankerotte, die immerhin anzeigen kann, ob die Klage der Handwerker und der Gewerbekammer berechtigt gewesen ist, daß die Gewerbefreiheit dem Handwerk das Brot nehme. Auch hier aber zeigt die Statistik für die ersten Jahre nach der Aufhebung der Zünfte keine wesentlichen Veränderungen. In den 15 Jahren zwischen 1851 und 1865 schwanken die Zahlungseinstellungen der Handwerke zwischen 17 und 56. Der Jahresdurchschnitt liegt bei 36. In den fünf ersten Jahren der Gewerbefreiheit ist dieser Durchschnitt zweimal unter- und dreimal überschritten, und das Anwachsen und Abnehmen der Bankerotte bei den zünftigen Handwerkern entspricht genau der Kurve bei den unzünftigen Gewerbetreibenden, die

[53] Gustav Schmoller, Zur Geschichte der deutschen Kleingewerbe im 19. Jahrhundert. Halle 1870, S. 113 ff. und 152 ff.

[54] Sämtliche Angaben über Bremen beruhen auf der Untersuchung von Ursula Branding, Die Einführung der Gewerbefreiheit in Bremen, S. 77 ff.

wohl hauptsächlich Kaufleute waren. Das An- und Abschwellen der Zahlungsschwierigkeiten scheint also eher den Gesetzen der Konjunktur als der Gewerbeordnung zu unterliegen. Wenn bei den einzelnen Bremer Gewerben die mit der Gewerbefreiheit verbundene Freigabe der Importe zu einer Überschwemmung mit fremder Ware geführt hat, wie die Gewerbekammer klagte, so lag das nachweislich zum größten Teil an der eigentümlichen Zollstellung der Hansestadt. Da sie dem Deutschen Zollverein nicht angehörte, war sie ringsum mit verhältnismäßig hohen Zollmauern umgeben, sie selbst erhob jedoch nur geringen Zoll, so daß der Handel mit dem benachbarten Binnenland sich einseitig gestaltete. Auswärtige Handwerker konnten leichter auf dem Bremer Markt konkurrieren als Bremer auf auswärtigen Märkten, was besonders die Bäcker, aber auch die Metzger und Schuhmacher zu spüren bekamen. Wo die Ausfuhr jedoch mehr nach Übersee ging, wirkte sich diese Zollstellung in umgekehrter Richtung aus. Davon profitierten insbesondere die Brauer. Sie bezogen billige Gerste und exportierten das Bier auf dem Wasserweg. Ihr Gewerbe nahm nach Einführung der Gewerbefreiheit einen großen Aufschwung.

Wirtschaftliche Expansion läßt sich immer in besonderem Maße an der Konjunktur der Baugewerbe ablesen. In Bremen wuchs die Zahl der selbständigen Maurer- und Zimmerleute in den ersten vier Jahren nach 1861 ganz unverhältnismäßig, nämlich um je 370 %. Zwar sind diese Zahlen irreführend, weil offenbar auch vorher schon Gesellen als selbständige Bauunternehmer tätig waren, ohne als solche registriert zu sein, aber auch die beträchtliche Zunahme der Gesellenlöhne von 48 Groschen auf einen bis eineinhalb Taler am Tag deutet in der gleichen Richtung. Ob sich die Größe der Bauunternehmungen wesentlich veränderte, ist aus dem vorliegenden Material nicht zu ersehen. Von anderen Gewerben wissen wir, daß noch nach 15 Jahren nur wenige ehemals zünftige Betriebe zu Fabrikgröße angewachsen waren. 1875 gab es eine Klempnerei, eine Gerberei, eine Tischlerei, eine Korbwarenfabrik, fünf Brauereien, vier Schneiderwerkstätten und ein Schuhmachergeschäft, die mehr als zwanzig Arbeiter beschäftigten. Trotz Gewerbefreiheit scheint die Entwicklung der Handwerksbetriebe zunächst also im allgemeinen gleichmäßig vorangegangen zu sein[55].

Wichtiger und einschneidender als der Wechsel der wirtschaftlichen Lage sind die organisatorischen Veränderungen, die mit dem Bremer

[55] Über die Entwicklung der Handwerks- zu Industriebetrieben im Laufe des 19. Jahrhunderts in einem Wirtschaftsraum, der für diese Fragestellung besondere Aufschlüsse zu geben verspricht, nämlich Südwestdeutschland, hoffe ich in absehbarer Zeit Einzelheiten in einer größeren Studie vorlegen zu können.

Handwerk nach Aufhebung des Zunftzwanges vor sich gingen. Hier zeigen sich die entscheidenden Folgen, die eine Änderung der Wirtschaftsverfassung mit sich bringt. Vielleicht sind die Reaktionen der Bremer Gewerbetreibenden auf die Revolution der Gewerbeordnung typisch für die Verhaltensweise der Betroffenen in ganz Deutschland um diese Zeit und darüber hinaus für das Wirtschaftsgebaren in jeder vergleichbaren Situation.

Die erste Reaktion der Handwerker ist tiefe Resignation. Die Ämter, die als freiwillige Innungen weiterbestehen dürfen, lösen sich eines nach dem andern auf. Ihre Gesellenherbergen, Sterbe-, Witwen- und Krankenkassen gehen ein. Sie verkaufen ihren Grundbesitz und verteilen das Vermögen untereinander. „Aufs tiefste ergriffen, der Notwendigkeit sich fügend, wenn auch mit Bedauern", beschließen die Schlosser und Schmiede einstimmig, ihre Zünfte aufzulösen. Niemand macht den Versuch, die Handwerksgenossen in der bisherigen Form freiwillig beieinander zu halten. Die Zünfte hatten auf ihren Privilegien beruht, und mit deren Erlöschen scheinen auch die Organisationen, denen sie gegeben worden waren, erlöschen zu müssen.

Die nächste Stufe ist die Gründung von verschiedenen Genossenschaften als Ersatz für die verlorengegangene Zunft. 1864 wurde ein Vorschußverein gegründet. Die Hälfte der Mitglieder waren Handwerker, von der anderen Hälfte gehörte ein beträchtlicher Teil früher dem zünftigen Krameramt an. Der Verein gewährte Vorschüsse bis zu drei Monaten und eröffnete nach zwei Jahren eine Sparkasse, wodurch die Kreditmöglichkeiten beträchtlich stiegen. Es ist bezeichnend, daß der Verein zu Beginn der Siebziger in Gewerbebank umbenannt und 1880 von der Rechtsform der Genossenschaft in die einer Aktiengesellschaft umgewandelt wurde. Die „kapitalistische" Organisationsform siegte, aber die Handwerker waren wesentlich daran beteiligt. Trotz aller Bemühungen, Standesgrenzen aufrechtzuerhalten, verwischten sich die Unterschiede zwischen der kaufmännisch-industriellen Großbourgeoisie und dem gewerblichen Mittelstand. Außer der Kreditbeschaffung versuchte man auch den Einkauf und den Verkauf genossenschaftlich zu organisieren. Die Schuhmacher waren die ersten, die einen Rohstoffverein gründeten. Er hatte 120 bis 130 Mitglieder, bezog das Leder direkt vom Großhändler und machte beträchtlichen Gewinn. Bis 1893 hafteten die Genossen mit ihrem ganzen Vermögen, dann wandelten sie den Verein in eine Genossenschaft mit beschränkter Haftung um. Auch hier löste die kapitalistischere Organisationsform die genossenschaftlichere ab. Der Gerberverein, den etwa 150 Schuhmacher gründeten, um den Gerberhof des bisherigen Schuhmacheramtes zu retten, war allerdings von Anbeginn eine Aktiengesellschaft. Das Unternehmen, an dem jeder der Gründer mit 25 Talern beteiligt war, bestand bis 1900. Die Rohstoffvereine der Tapezierer und Bäcker und einige kleinere Vereine gediehen nicht so gut wie die Unternehmungen der Schuhmacher und gingen nach mehreren Jahren wieder ein. Verkaufsgenossenschaften besaßen vor allem die Tischler in Form von Möbellagern. Die Gründung des ersten Möbellagers geschah noch zu Zunftzeiten 1820. Zunächst war es ein privates Unternehmen. Als aber alle Amtsmeister Mitglieder geworden waren, wurde es vom Altmeister zusammen mit der Totenlade und der Witwenkasse des Amtes verwaltet und kurz vor Verkündigung der Gewerbefreiheit mit diesen Hilfskassen zu einer Anstalt des Amtes gemacht. Nach Aufhebung des Amtes blieb das Möbellager bestehen, und die Mitglieder der bisherigen Hilfsanstalt erhielten nach dem veranschlagten Wert ihres Vermögens Aktien zu je 225 Talern, die ihnen Anspruch auf Dividenden aus dem Reingewinn des Möbellagers gab. Das Unternehmen behauptete sich auch in den nächsten Jahren, während zwei neugegründete Möbellager zu Anfang der siebziger Jahre wieder eingingen.

Das dritte Stadium der Reaktion auf die Gewerbefreiheit nach der Resignation und der genossenschaftlichen Selbsthilfe bildete der Gegenangriff durch Neugründung von freiwilligen Innungen. In Bremen machten 1872 die Schuhmacher und Schlosser den Anfang; in den nächsten fünf Jahren folgten ihnen zwanzig andere Gewerbe. Die Aufgaben, die sich den Innungen stellten, waren sehr vielseitig. Die Drechsler kauften gemeinsam Rohstoffe ein, die Maler riefen einen Innungsverband der Maler Norddeutschlands ins Leben, um Streiks der Gesellen und schädliche Auswüchse im Geschäftsleben zu verhindern. Sie gründeten eine Unterstützungskasse für wandernde Gesellen, veranstalteten Ausstellungen und gaben eine Fachzeitschrift heraus. Eine große Zahl von Innungen richtete Krankenkassen ein, und 1890 schlossen sich neun Innungen zu den „Vereinigten Innungskrankenkassen" zusammen. Wie schon die Zünfte, nahmen sich auch die Innungen besonders der Lehrlingsausbildung an. Aber im Zentrum ihrer Bemühungen stand nun die Gründung von Fachschulen. Die Barbiere und Maler beauftragten Innungsmitglieder, den Unterricht zu erteilen, die Schmiede engagierten einen Volksschullehrer, andere Innungen hielten ihre Lehrlinge zum Besuch der städtischen gewerblichen Fachschule an, in der Rechnen, Schreiben, Deutsch, Buchführung, Geometrie, Physik und Chemie gelehrt wurde. Besonders angelegen ließen sich die Innungen den Arbeitsnachweis sein. Die meisten wählten einen ihrer Meister als Vermittler; neun größere Innungen richteten ein gemeinsames Arbeitsnachweisbüro ein. Und schließlich versuchten die Innungen auch, Preisabsprachen und Kartelle zu bilden. Die Barbier- und Friseurinnung verbot ihren Mitgliedern bei Strafe, unterhalb eines Mindestpreises zu arbeiten. Die Dachdeckerinnung beschloß, einen Kartellverband zu gründen, dem alle Dachdecker und Schieferhändler Bremens und der Umgebung beitreten durften, auch wenn sie nicht der Innung angehörten. Die Generalversammlung des Verbandes setzte die Preise und Zahlungsbedingungen für Schiefer fest, die Schieferhändler verpflichteten sich, Nichtmitgliedern mindestens 30 % mehr zu berechnen, und die Dachdecker, ihren Bedarf nur bei solchen Schieferhändlern zu decken, die Innungsmitglieder waren.

So traten die Innungen auf wichtigen Gebieten die Nachfolge der Zünfte an. Sie übernahmen die soziale, berufsordnende und wirtschaftliche Funktion und damit etwa die Hälfte des Aufgabenbereiches, den die mittelalterliche Zunft auf dem Höhepunkt ihrer Entfaltung innegehabt hatte. Daß die andere Hälfte der korporativen Funktionsfülle verlorengegangen war, zeigt den Unterschied zwischen der mittelalterlichen und der modernen Sozialverfassung an. Die freiwillige Innung des 19. Jahrhunderts kennt weder eine kirchliche, noch eine politische, noch eine jurisdiktionale Funktion. Staat und Rechtsprechung haben sich von der Gesellschaft getrennt und als eigengesetzliche Institutionen gefestigt. Der Universalismus der abendländischen Sozialordnung ist zerfallen in ein Nebeneinander von mehreren Sphären, die ihr Eigenrecht und Eigengewicht behaupten und sie gegeneinander abwägen. Die Autonomie der Sachgebiete hat sich voll ausgebildet.

Zugleich mit der Funktionenfülle ging den Innungen auch die Intensität verloren, mit der sie einst auf das Leben der Handwerker eingewirkt hatten. Viele der Handwerker sahen die Verpflichtungen, die ihnen ihr Verband auferlegte, als Opfer an Zeit und Geld an und zogen es vor, außerhalb zu bleiben. Zu Beginn der achtziger Jahre hatte die Schuhmacherinnung in Bremen nur 80 Mitglieder, 663 selbständige Gewerbetreibende hielten sich fern. Bei den Schneidern war es ähnlich. 525 standen außerhalb des Verbandes und nur 52 innerhalb. Bei den Malern, den Sattlern und Tapezierern entstanden neben den Innungen Fachvereine, die meist mehr Mitglieder hatten als die Innung: 54 Maler gehörten dem Verein an, 42 der Innung und mehr als doppelt soviele waren nicht organisiert. Besser stand es um die Innungen der Bäcker, Fleischer, Schlosser und Schmiede, von 142 Weißbäckern waren 126 Innungsmitglieder. Im Jahre 1883 zählten die 23 Bremer Innungen insgesamt 1015 Mitglieder, 1768 Handwerker standen außerhalb. Erst die gesetzliche Einführung des Innungszwanges brachte den handwerklichen Korporationen wieder den Aufschwung, den ihre Mitglieder und Freunde mit freiwilligen Mitteln vergeblich herbeizuführen gesucht hatten. Als das Reichsgesetz von 1897 die Einrichtung von Zwangsinnungen zuließ, gelang es den Fleischern, Schmieden, Bäckern und

Schornsteinfegern in Bremen ihren Innungen den Zwangscharakter zuteilen zu lassen. Damit war eine wesentliche Errungenschaft der Gewerbefreiheit wieder zunichte gemacht. Konnten erst einmal die Gewerbetreibenden gezwungen werden, einem Fachverband beizutreten, so war es diesem wesentlich erleichtert, ihnen seine Bedingungen aufzuerlegen. Das freie Niederlassungsrecht blieb zwar bestehen und die Grundsäule der Gewerbefreiheit damit erhalten, aber der Weg zur faktischen Beschränkung der freien Berufsausübung durch Befähigungsnachweis, Lehrverbot und Nötigung zur Anpassung an die Arbeits- und Preisgewohnheiten der Mehrzahl, war wieder frei.

IV. Die Wirtschaftsordnung

Von der Ordnung der Wirtschaft vor dem 19. Jahrhundert ein klares Bild zu bekommen, ist nicht nur deshalb so schwierig, weil wir die entscheidenden Daten oft nicht kennen, sondern auch, weil die geographischen und rechtlichen Bezirke, die als Einheit betrachtet werden können, so klein sind, daß man unzählige Einzeluntersuchungen durchführen müßte, um allgemeine Aussagen über ein Wirtschaftsgebiet wie das des späteren Deutschen Reiches wagen zu können. Ehe die Nationen sich ein zusammenhängendes Staatsgebiet mit einheitlichem Recht schufen, kongruierten die geographischen und rechtlichen Räume nicht, es gab Ortschaften, in denen verschiedenes Recht galt, und es gab Rechtssphären, die keinen geographischen Zusammenhang besaßen. Erst der neuzeitliche Flächenstaat ist ein Gebilde, an dem sich die ökonomischen Theorien der modernen Wissenschaft voll verifizieren lassen. Wenn es kein Bankensystem mit einer Zentralnotenbank gibt, wenn die Steuern teilweise aus Naturalabgaben bestehen und der Zoll persönliches Einkommen eines Privilegierten darstellt, sind wesentliche Teile etwa der Kreislaufmodelle nicht oder nur modifiziert anwendbar. Deshalb muß man sich bei der Analyse früherer Wirtschaftsordnungen auf geographisch kleine Räume und wenige theoretische Grundzusammenhänge beschränken, um zu sauberen Ergebnissen zu kommen. Als Beispiele einer solchen Analyse sollen hier die Ordnung des Wiener Lebensmittelmarktes unter Maria Theresia und Josef II. und die Ordnung des Granathandels im Breisgau während der gleichen Periode vorgeführt werden. Das Ziel ist dabei nicht, neue historische Tatbestände aufzudecken, sondern die von aktenkundigen Historikern dargestellten Begebenheiten nach einigen wirtschaftsordnenden Faktoren zu befragen[56].

Die Nachfrage nach Lebensmitteln stand den Bewohnern der Residenzstadt der österreichisch-ungarischen Monarchie frei. Da es ein

---

[56] Eine ausgezeichnete Darstellung der Wiener Marktordnungspolitik gibt Karl Pribram in seiner Geschichte der österreichischen Gewerbepolitik von 1740 bis 1860, bes. Bd. I (Leipzig 1907), S. 280 ff., 302 ff., 339 ff., 488 ff., 490 ff. Über die Probleme des Granathandels im Breisgau unterrichtet Herbert Trimborns Freiburger Dissertation von 1940: Ein Beitrag zur österreichischen merkantilistischen Gewerbepolitik am Beispiel der Bruderschaften der Borer und Balier zu Freiburg und Waldkirch.

Verbraucherkartell nicht gab, herrschte auf dem Wiener Viktualienmarkt auf der Nachfrageseite theoretisch vollständige Konkurrenz, die praktisch dadurch eingeschränkt war, daß die Größe der Bevölkerung und deren Konsumgewohnheiten von den Anbietern als bekannt und einigermaßen stabil vorausgesetzt werden konnten. Wenn wir nach der Ordnung des Lebensmittelmarktes von Wien fragen, bleibt also nur zu klären, auf welche Weise das Angebot geregelt und der Nachfrage angeglichen wurde. Herrschte auch hier annähernd vollkommene Konkurrenz? Oder war das Angebot frei, aber durch Absprachen und Verkaufsgewohnheiten praktisch kartelliert und dadurch monopolisiert? Oder wurde das Angebot behördlich gelenkt, oder durch privilegierte Oligopole und Monopole beherrscht? Und wie kam der Preis zustande? Durch freies Auspendeln auf dem Markt, durch Absprachen der Anbieter, Diktat der Monopolisten oder durch behördliche Taxen? Wenn wir diese Fragen beantwortet haben, können wir uns ein Bild davon machen, wie die Versorgung des Wieners mit seinen täglichen Nahrungsmitteln ablief, wer ihre Auswahl nach Menge und Qualität bestimmte und wohin das Geld floß, das die Hausfrauen dafür aufwandten.

Bis um die Mitte des 18. Jahrhunderts gab es in Wien zwei streng voneinander geschiedene Nahrungsmittelmärkte, den „Markt" und den Viktualienhandel. Auf dem „Markte" war es grundsätzlich nur den selbst produzierenden Landleuten gestattet, ihre Waren anzubieten. Jeder Warenverkauf aus zweiter oder dritter Hand war verboten. Hier herrschte eine polizeilich beaufsichtigte freie Konkurrenz der Produzenten. Außerhalb des „Marktes" besaßen die sogenannten „bürgerlichen" Viktualienhändler ein ausschließliches Privileg auf den Handel mit Lebensmitteln, es herrschte also ein behördlich privilegiertes Oligopol. Denn die Zahl der Viktualienhändler war begrenzt. Rechtlich zählten ihre Gewerbe meistens zu den sogenannten „Kammerhändeln", die Realgerechtigkeiten waren, d. h. käuflich erworben werden mußten und auf eine bestimmte Zahl beschränkt blieben. 1773 gab es 26 verschiedene Kammerhändel mit insgesamt 349 Gewerberechten. Da jeder dieser Kammerhändel ein Privileg auf einem besonderen Gebiet des Lebensmittelhandels besaß, sei es als Essighändler, als Fischkäuffler, Käßstecher oder Krautter, so ist anzunehmen, daß im Durchschnitt etwa dreizehn Gewerbetreibende das Privileg zur Versorgung der Bevölkerung Wiens mit einer Gruppe von Nahrungsmitteln außerhalb der Marktzeit besaßen. Die Bäcker und Metzger gehörten nicht zu den Kammerhändeln, aber sie bildeten je eine geschlossene Zunft realer Gewerbe, so daß sie sich ebenfalls in der Situation eines behördlich privilegierten Oligopols, oder wenn man so will, eines kollektiven Monopols befanden. 1777 gab es 24 Stadtbäckermeister in Wien. Sie allein hatten das Recht, Brotläden in der Altstadt zu halten, und sie verteidigten dieses Privileg um diese Zeit noch immer mit Erfolg gegen die rund hundert Vorstadtbäcker[57].

Die Aufgabe für die Wiener Marktpolitik bestand also darin, zwei verschiedene Märkte zu ordnen. Auf der einen Seite hatte sie das Privileg der bürgerlichen Viktualienhändler zu wahren, auf der anderen, die Wiener Bevölkerung mit möglichst billigen Lebensmitteln zu versorgen. Diese beiden sich widersprechenden Zielsetzungen zu koordinieren, war Aufgabe des freien „Marktes". Wenn er das Privileg der Oligopolisten nicht unwirksam machen sollte, mußte er zeitlich beschränkt sein, wenn er die erwünschte Wohlfeilheit bringen sollte, mußte freie Konkurrenz der Produzenten herrschen. Beiden Zielsetzungen entsprach, andere Anbieter als die Produzenten und die Privilegieninhaber vom Markt auszuschließen. Deshalb war die Aufmerksamkeit der Wiener Marktpolizei besonders auf Vermeidung des Zwischenhandels gerichtet, ohne allerdings damit erfolgreich zu sein. Denn die Landleute waren daran interessiert, ihre Produkte so schnell wie möglich an den Mann zu bringen, und überließen den Verkauf gerne anderen, die ihnen ihre Waren en bloc abnahmen und sich für sie auf den Markt stellten, wohl auch die nichtverkauften Waren außerhalb der Marktzeit loszuschlagen versuchten und damit das Privileg der Viktualienhändler verletzten, aber den Bedürfnissen der Wiener Hausfrauen entgegenkamen, die auch außerhalb der offiziellen Marktzeiten zu niedrigeren Preisen als es die bürgerlichen Oligopolisten gestatteten, Lebensmittel einkaufen wollten. Der Politik der Marktaufspaltung stand also die natürliche Tendenz des Marktausgleichs entgegen, die sich überall geltend macht, wo Angebot und Nachfrage aufeinandertreffen.

Es ist nun für die Marktpolitik Maria Theresias und Josefs II. kennzeichnend, daß sie dieser natürlichen Tendenz des Marktausgleichs nachgab und das Auftreten von Zwischenhändlern auf dem Wiener Nahrungsmittelmarkt erst gestattete und schließlich begünstigte. Damit kam ein Moment des Wettbewerbs in den Markt, der das Oligopol der Viktualienhändler bedrohte und daher von diesen scharf bekämpft wurde.

Zu Beginn der siebziger Jahre wurde die Zahl der Händler, die unbefugt mit Lebensmitteln auf dem Markt erschienen, auf 1500 geschätzt. Noch in der Marktordnung von 1772 war der „Vorkauf" von

---

[57] Obwohl die Hofkanzlei eine Entscheidung der niederösterreichischen Regierung, die den Vorstadtbäckern das Halten eigener Brotläden in der Innenstadt weiterhin verwehrte, zunächst aufgehoben hatte, entschied die Kaiserin noch gegen Ende ihrer Regierungszeit auf eine Beschwerde der Stadtbäcker in einer eigenhändigen Resolution, alles „bey den alten zu lassen". Pribram, Geschichte der österreichischen Gewerbepolitik I, 341.

Lebensmitteln durch solche „Ablöser“ grundsätzlich untersagt worden. Erst nach zwölf Uhr sollten sie als Käufer und Wiederverkäufer auftreten dürfen, um vor allem leicht verderbliche Lebensmittel umzusetzen und den Landleuten ein längeres Verweilen in der Stadt zu ersparen. Den Viktualienhändlern war jedoch der Einkauf schon ab zehn Uhr gestattet, so daß die Ablöser im Grunde nur bei einem Überangebot einspringen sollten, wenn weder die Verbraucher noch die privilegierten Nahrungsmittelhändler das Angebot ausgeschöpft hatten. In einer Reihe von Verordnungen werden dann den Ablösern seit der Mitte der siebziger Jahre größere Rechte eingeräumt, die Marktordnung wird großzügiger gehandhabt und schließlich vollständige Konkurrenz gestattet. 1775 wird die zeitliche Begrenzung des Marktbesuches für die Produzenten und ihre Bindung an feste Plätze und Stände aufgehoben; die Ablöser werden mit gedruckten Ausweisen, „Polleten“ genannt, versehen, zu legitimen Marktteilnehmern erklärt und erhalten das Recht, gemeinsam mit den bürgerlichen Viktualienhändlern ab elf Uhr auf dem Markt zu erscheinen. 1776 wird „Gewerbefreiheit“ für den Wiederverkauf verfügt: gegen Zahlung von drei Gulden ist die Berechtigung jedermann zu erteilen, der darum nachsucht. 1777 wird die zeitliche Beschränkung für den Wiederverkauf außer Kraft gesetzt. Im Sommer um acht, im Winter um neun Uhr dürfen alle auf den Markt kommenden Lebensmittel abgelöst werden. Auch der Unterschied zwischen den Märkten in der Innenstadt und den Vorstädten wird aufgehoben.

Nach der Thronbesteigung Josefs II. wurde die Frage der Wiener Marktordnung noch einmal grundsätzlich aufgeworfen. Die Hofkanzlei war der Ansicht, daß man den Markt von den Resten der alten Beschränkungen (den Polleten, den Marktaufsehern und dem Marktfonds) befreien und jedermann gestatten solle, „zu kaufen und zu verkaufen, wie er will und kann“[58]. Die niederösterreichische Regierung und der Wiener Magistrat, die schon unter Maria Theresia das Festhalten an der alten, wettbewerbsbeschränkenden Politik befürwortet hatten, wandten sich dagegen, und auch der Vizestatthalter und der Korreferent der Hofkanzlei machten den Wiederverkauf für die Preissteigerung der Marktwaren verantwortlich und wollten das Marktrecht wieder auf die Produzenten und auf ganz bestimmte Stunden und Plätze in der Stadt beschränkt sehen. Die Meinung der Hofkanzlei setzte sich jedoch beim Staatsrat und dem Kaiser durch, zumal nachgewiesen werden konnte, daß seit der Freigabe des Marktverkehrs sich nur 210 Personen mehr am Zwischenhandel beteiligten und die Preise allgemein gestiegen waren. So wurde 1781 der Handel auf dem Lebensmittelmarkt in Wien völlig freigegeben. Gegen Lösung

[58] Ebenda I, 449.

eines Gewerbescheines um drei Gulden (der Pollete), war es jedermann gestattet, als Ein- und Verkäufer auf dem „Markt“ zu erscheinen. Aus der polizeilich beschränkten und beaufsichtigten Konkurrenz der Eigenerzeuger war eine freie Konkurrenz geworden, die der vollständigen Konkurrenz auf der Nachfrageseite entsprach, so daß zu erwarten stand, daß die Preise auf dem Wiener Lebensmittelmarkt sich auf dem niedrigsten Niveau einspielen würden.

Dies galt jedoch nur für den „Markt“, der noch immer an bestimmte Zeiten gebunden war. Außerhalb der Marktzeiten blieb zunächst das Oligopol der Viktualienhändler bestehen. Es war deshalb nur folgerichtig, wenn die Maria-Theresianisch-Josefinische Marktpolitik auf Aufhebung dieses Privilegs hinarbeitete. Das bereitete nun aber große rechtliche Schwierigkeiten. Die Besitzer hatten das Gewerberecht, sofern es nicht durch Erbschaft an sie gekommen war, gekauft. Deshalb erschien es unbillig, ihnen ihre Vorzugstellung ohne Entschädigung zu nehmen, und die herrschende Meinung der Juristen lehrte sogar, daß die Gewerbeberechtigung ein Vermögensobjekt darstelle, für dessen Schutz die Inhaber die Bestimmungen des Sachenrechts in Anspruch nehmen könnten. Ob die Gewerbeberechtigungen ursprünglich so gemeint waren, konnte mehr als zweifelhaft erscheinen, unbestritten war jedoch, daß sie im Laufe der Zeit als Eigentum an Sachgütern angesehen und juristisch behandelt worden waren. Sie waren getauscht, verkauft, verschenkt, belastet und verpfändet worden, alte Leute zogen eine Rente aus ihnen und bei Versteigerungen und Nachlaßsachen wurde ihr Wert geschätzt. So waren beispielsweise 1771 für ein Kaffeesiedergewerbe, dessen materieller Zubehör noch keine 4 000 Gulden betrug, 15 000 Gulden geboten worden[59]. Die plötzliche Aufhebung der Gewerbeprivilegien der Wiener Bäcker, Fleischhauer und Viktualienhändler, die für die Schaffung wirklich freier Konkurrenzverhältnisse und die Freigabe des Preises aller Lebensmittel unumgänglich gewesen wäre, hätte also die Bereitstellung großer Entschädigungssummen erforderlich gemacht. Allein der Wert der Kammerhändel war im Jahre 1773 auf über eine halbe Million Gulden geschätzt worden. Deshalb hatten schon unter Karl VI. und Maria Theresia die österreichischen Behörden diskutiert, auf welche Weise die Realeigenschaft der Gewerbeberechtigungen beseitigt werden könnte. Die einen meinten, daß der Wert der Berechtigungen gesetzlich allmählich dadurch verringert werden sollte, daß bei jeder Übertragung ein gewisser Prozentsatz abzuschreiben sei, die anderen, daß die Gewerberechte allmählich abzulösen, ihre Inhaber also im Lauf der Zeit für den Verlust des Privilegs zu entschädigen seien. Maria Theresia hatte zunächst nur dafür gesorgt, daß der Wert der Kammer-

[59] Ebenda I, 303, Anmerkung 1.

händel nicht noch weiter steigen konnte, indem sie den einmal erzielten Kaufpreis als Maximalgrenze festgesetzt hatte. Vorher war schon zeitweise verboten worden, die Kammerhändel bücherlich zu belasten, um eine weitere Verschuldung zu verhindern, denn zum Teil waren die Privilegien mit mehr als der Hälfte ihres Wertes verschuldet und ihre Aufhebung hätte nicht nur den wirtschaftlichen Ruin für die Inhaber, sondern auch eine schwere Rechtsunsicherheit mit sich gebracht. Josefs II. Berater schlugen nun drei verschiedene Wege vor, um Mittel für die Ablösung zu gewinnen. Entweder sollte der Fonds, der durch die Ausstellung der „Polleten" an die Markthändler entstand, zur Ablösung der Kammerhändel verwendet oder eine „Hofconzessionstaxe" für alle neuen Gewerbetreibenden eingeführt oder die „Handtierungs- und Nahrungssteuer" erhöht werden. Andere wollten von einer Ablösung überhaupt nichts wissen, da sie entweder den Fiskus oder über die Besteuerung der Gewerbetreibenden die Verbraucher belasten würde zugunsten einer kleinen Schicht von Privilegierten, die sich im Laufe der Zeit ihnen nicht zustehende Rechte angeeignet hätten; die Vertreter dieser Richtung votierten für eine allmähliche Vermehrung der persönlichen Gewerbebefugnisse, die den Wert der Realgerechtigkeiten langsam herabmindern würde, ohne die Existenz der jetzigen Inhaber zu ruinieren. Der Kaiser jedoch wollte weder warten, bis durch Taxen und Steuern genügend Geld zur Einlösung gesammelt, noch bis durch die vorsichtige Erweiterung der Personalbefugnisse der Wert langsam herabgemindert worden sei, um das Oligopol der Kammerhändel und Zünfte beseitigen zu können. Irgendwo müssen der Anfang „zur Einführung guter Ordnung und Aufhebung aller Zunftplackereyen" gemacht werden, meinte er, und befahl, diejenigen Kammerhändel, die selbst um die Einlösung ihrer Gewerbeberechtigungen ansuchten, sofort aus dem Staatssäckel unter Zuhilfenahme des Polletenfonds zu entschädigen. So wurde 1783 mit vier Viktualiengewerben der Anfang gemacht. 11 Öbstler, 6 Zwetschker, 22 Heringer und 37 Kässtecher „verkauften" ihr Privileg auf alleinigen Handel in bestimmten Sparten des Lebensmittelgewerbes an den Staat. Für zwei Drittel des Wertes ihrer 76 Gewerberechte, der insgesamt eine Viertelmillion Gulden betrug, erhielten sie Obligationen, das letzte Drittel blieb entschädigungslos, weil die Hofkanzlei der Ansicht war, daß trotz der damit auf ihrem Gebiet herrschenden Gewerbefreiheit die bisherigen Privilegierten das wesentliche Vorrecht behielten, ihre Waren in besonderen Gewölben oder Hütten zu verkaufen. Auch hier war also die Gewerbefreiheit noch nicht vollständig. Solange das Ganze der Gewerbeverfassung ein Netz von Privilegien darstellte, vermochte auch die Zerschneidung einzelner Maschen das Gewebe noch nicht aufzulösen. Bis Österreich sich entschloß, das ganze Netz zu zertrennen, vergingen noch sieben Jahrzehnte.

Um auch die übrigen Kammerhändel bald beseitigen zu können, ließ Josef II. neue Personalbefugnisse in diesen Gewerbezweigen erteilen und einen Einlösungsfonds errichten, in den die persönlich Privilegierten eine Summe einzuzahlen hatten. Er beschritt also beide vorgeschlagenen Wege gleichzeitig, den Wert der bestehenden Rechte zu verringern und Mittel zu ihrer Ablösung zu gewinnen. Damit ergänzte er seine Marktpolitik folgerichtig, und man wird sagen dürfen, daß er seinem Ziel, einheitliche Wettbewerbsverhältnisse zu schaffen, wenigstens auf dem Wiener Nahrungsmittelmarkt ziemlich nahe gekommen ist. Daß die Einlösung der Kammerhändel zum Teil eine direkte Folge des ersten Schrittes dieser Politik war, der Zulassung der „Polletenleute" zum Markt, bestätigte auch der zunftfreundliche Wiener Magistrat, indem er darüber klagte, daß die Markthändler den Kammerhändeln das Brot wegnähmen. Offenbar zogen die Viktualienhändler aus ihrem Privileg nicht mehr den erwünschten Nutzen, zumindest fühlten sie sich in ihm bedroht. Denn sie selbst baten um die Einlösung ihrer Gerechtigkeiten. Sie zogen also die augenblicklichen materiellen Gewinne einem unsicher gewordenen Privileg vor und nutzten die Chance, solange sie noch auf Entschädigung für den Verlust ihrer Vorrechte hoffen konnten.

Die Politik der Wettbewerbsförderung konnte sich jedoch nur dort positiv auswirken, wo der Preis von Angebot und Nachfrage bestimmt wurde. Für die Grundnahrungsmittel, insbesondere die Erzeugnisse der Bäcker und Fleischhauer, wurden aber die Preise seit langem durch behördlich festgesetzte Taxen geregelt. Diese Taxen zu beseitigen, war daher die dritte große Aufgabe der josefinischen Marktpolitik, ohne deren Erfüllung die Herstellung offener Wettbewerbsverhältnisse auf der Angebotsseite in der Luft gehangen hätte. Auf der anderen Seite hätte die Aufhebung der obrigkeitlichen Taxen sofort zu einem Preisdiktat der Zünfte geführt, wenn nicht zugleich deren Privileg auf die Gebäck- bzw. Fleischherstellung oder wenigstens die Geschlossenheit der Meisterzahl beseitigt worden wäre. Denn es wäre natürlich für 24 Stadtbäcker und an die 100 Vorstadtbäcker, die seit Generationen an genossenschaftliche Wirtschaftsgebarung gewöhnt und durch die Zunftverfassung zu regelmäßigen Zusammenkünften genötigt waren, ein Leichtes gewesen, zu Preisabsprachen zu kommen, und selbst wenn kein ausgesprochenes Kartell zustande gekommen wäre, so hätte doch ein Oligopol auf der Angebotsseite bestanden, das die Wirkung der freien Konkurrenz sehr eingeschränkt hätte. Im günstigsten Falle konnte man damit rechnen, daß die Bäcker und Fleischer zunächst an den taxierten Preisen festhielten.

Bei der nächsten allgemeinen Preissteigerung hätte sich aber der Preis auf ein höheres Niveau eingestellt, von dem er ohne echte Konkurrenz oder behördliche Taxierung nicht mehr heruntergekommen wäre. Eine Freigabe der Preise auf dem Lebensmittelmarkt konnte daher nur sinnvoll sein, wenn sie mit der Herstellung echter Wettbewerbsverhältnisse gekoppelt war.

Kaiser Josef II. war durchaus gewillt, die Konsequenzen zu ziehen. Noch stärker als bei den Kammerhändlen stellte sich aber bei den Zünften der Bäcker und Fleischhauer die bisherige Gewerbeorganisation in den Weg. Bäcker und Fleischer bildeten in Wien wie in den meisten anderen Städten des Deutschen Reiches eine geschlossene Zunft mit Realberechtigungen. Sie faßten ihre Gewerbe als ihr Eigentum auf und zugleich als ein Amt: Sie selbst waren verpflichtet, die Bürger mit Nahrung zu versehen, und die Obrigkeit hatte ihnen dafür ihre „Nahrung" zu sichern. Das für die ältere mitteleuropäische Sozialstruktur so wichtige Prinzip der Gegenseitigkeit von Rechten und Pflichten trat hier besonders deutlich zutage. Sobald man ihnen daher mit der Beschränkung ihrer Privilegien drohte, antworteten sie mit dem Hinweis auf ihre lebensnotwendige Funktion, die sie nur erfüllen könnten, wenn man ihnen ihre Rechte lasse. Die Auflösung der Bäcker- und Fleischerzünfte barg daher die Möglichkeit eines Boykotts ihrer Angehörigen in sich oder zumindest die Gefahr, daß in Notzeiten niemand mehr zur Versorgung der Bevölkerung genötigt werden könne. Das ließ die Wiener Behörden vor der Konsequenz einer Auflösung der Bäcker und Fleischhauerzünfte zurückschrecken und damit auch vor der Aufhebung der Preistaxen, der sogenannten Satzungen. Und der Kaiser gab nach und begnügte sich damit, die bestehenden Bestimmungen aufzulockern.

Die Vorschriften für die Taxierung der Bäckerware in Wien, die Josef II. vorfand, stammten aus dem Jahre 1696. Danach mußte jeden Monat das Gewicht für die verschiedenen Sorten an Backwaren, die zu einem festen Preis verkauft wurden, neu bestimmt und die Genehmigung des Kaisers für diese „Satzung" eingeholt werden. Den Maßstab bildete der Marktpreis für Körner oder Mehl, je nachdem, welcher günstiger war. Die Bäcker hatten Mehlvorat für einen Monat zu halten, so daß das Gewicht ihrer Erzeugnisse nach dem Mehlpreis jeweils für einen Monat im voraus festgelegt werden konnte. Die Satzung bestimmte also auch die Gewinnspanne der Bäcker, und zwar im allgemeinen so, daß sie bei Roggenbrot gering, bei Weizengebäck hoch ausfiel. Der Hauptfehler dieser Satzungsvorschriften bestand nach einem Vortrag der Hofkanzlei darin, daß die Gewinne gering waren, wenn die Mehlpreise niedrig standen, daß sie beim Steigen der Preise jedoch nicht proportional, sondern im Verhältnis 3 : 2 anzogen, so daß die Bäcker ein Interesse daran haben mußten, den Mehl- oder Körnerpreis hochzuhalten. Dieses Interesse begegnete natürlich dem der Getreidehändler und Müller, und so wurde das Problem der Marktordnung für Backwaren durch die Satzung nicht gelöst, sondern nur vorverlegt in den Getreidemarkt. Der Getreidemarkt konnte aber nur schwer kontrolliert werden. Zwar war er nur auf den Hauptmärkten gestattet, wo die Preisbildung von Marktkommissaren überprüft werden konnte, aber das gemeinsame Interesse der Marktpartner und eine Bestimmung der Marktordnung, nach der für den Umschlag von Getreide auf den Marktplätzen eine besondere Gebühr erhoben werden mußte, verdrängte wesentliche Teile des Getreidehandels von dem offiziellen Markt, so daß bei der Bestimmung der Brotsatzung nie die gesamte umgeschlagene Getreidemenge die Grundlage bildete und keine Garantie gegeben war, daß der offizielle Getreidepreis dem wirklichen Marktpreis entsprach. Absprachen der Marktpartner, größere Mengen vom öffentlichen Markt zurückzuhalten, um den Preis zu steigern, konnten kaum verhindert werden. Daß der Magistrat verpflichtet war, ein Kornmagazin für Notzeiten zu halten, aus dem er Getreide zuschießen mußte, wenn das Satzungsgewicht des Roggenbrotes unter vier Pfund fiel, kann kaum als Gegengewicht gegen die marktverzerrenden Erscheinungen auf dem Wiener Getreidemarkt angesehen werden. Es bestätigt nur, daß das Publikum den Überpreis auf alle Fälle zu tragen hatte.

Josef II. wollte dieses ganze Satzungssystem mit einem Schlage beseitigen. Der Widerstand seiner Behörden bewog ihn jedoch, Schritt für Schritt vorzugehen. Zunächst hob er nur die Verordnung auf, daß der Kaiser selbst die Brottaxen zu genehmigen habe. Magistrat und Regierung sollten sie allein bestimmen. Dann befreite er die Grießerzeugnisse von den Taxen, und schließlich nahm er das Weizengebäck, insbesondere die Semmeln, von der Satzung aus und gab den Verkauf jedermann frei. Das Gewicht des Roggen- und des Mischbrotes sollte nicht mehr nach den städtischen Körner- oder Mehlpreisen, sondern nach den Preisen auf dem Lande festgesetzt werden, und zwar so, daß es etwas geringer ausfiele, als das Gewicht des Landbrotes, damit die Stadtbäcker die Konkurrenz des Landbrotes zu spüren bekämen und zu guter Qualität angehalten würden. Die Hofkanzlei machte allerdings die Wirkung dieses kaiserlichen Entschlusses durch ihre Interpretation teilweise wieder zunichte. Auf eine Anfrage der niederösterreichischen Regierung, ob unter der Freiheit des Verkaufs für Semmelgebäck auch die Freiheit der Erzeugung zu verstehen sei, dekretierte sie nämlich, daß jedem, der sich um die Backkonzession für Weizengebäck bewarb, auferlegt werden solle, auch bestimmte Mengen der satzungsgebundenen Brotsorten zu erzeugen, so daß die

Ausnutzung einer Konjunktur für Weizengebäck durch Außenseiter sehr erschwert war. Im ersten Jahr der Backfreiheit für Weizengebäck bat daher niemand um die Erteilung einer Backkonzession, und den Gegnern der kaiserlichen Gewerbepolitik war das ein willkommener Anlaß, auf den Mißerfolg seiner Maßnahmen hinzuweisen. Sie gingen sogar so weit, daß sie die neuen Prinzipien der Marktpolitik verantwortlich machten, als infolge des Türkenkrieges die Geteidezufuhr aus Ungarn gesperrt wurde, die Preise stark anzogen und in Wien akuter Brotmangel eintrat, der zu Volksaufläufen und der Plünderung von Bäckerläden führte. Der oberste Kanzler argumentierte, die Konkurrenz des Landbrotes sei nicht wirksam gewesen und die Stadtbäcker hätten ihre neue Freiheit nur mißbraucht, um die Qualität zu verschlechtern und den Preis zu erhöhen. Als ein Jahr später auch noch das Feuer der Revolution aus dem Westen herüberleuchtete, bedrängten die Beamten den Kaiser mit Vorstellungen, wie eng die Ruhe und Ordnung in der Residenzstadt mit der Wiedereinführung der alten festen Marktordnung zusammenhänge. Und schließlich gab der Kaiser dem Drängen nach, verzichtete zunächst auf die Fortsetzung seiner Befreiungspolitik in Gewerbesachen und willigte schließlich resigniert in die Wiedereinführung der alten Satzungen ein.

Ganz ähnlich ging die Entwicklung auf dem Fleischmarkte vor sich. Allerdings konnte Josef hier eine Zeitlang seine Politik fast vollständig durchsetzen. Zuerst in Prag und in Böhmen, dann in Laibach, Brünn und schließlich in sämtlichen Erblanden, hob er die Fleischtaxen auf. Der erste Anlaß dazu war der Antrag des böhmischen Guberniums gewesen, die Prager Fleischtaxen erhöhen zu dürfen. Der Kaiser hatte geantwortet, wenn die Fleischer auf diesem Begehren bestünden, würde er die Zunft auflösen und die Fleischpreise freigeben, und so geschah es in der Tat. Als die Gewerbe in Laibach und Brünn mit ähnlichen Wünschen kamen, reagierte er ebenso, und schließlich ordnete er an, daß an allen Orten, an denen die Fleischer oder Bäcker die Erhöhung der Taxen forderten, der Betrieb ihrer Gewerbe freigegeben werden sollte. In Wien ließ er, nachdem die Kammerhändel der Häringer eingelöst worden waren, gegen den Willen des Magistrats und der niederösterreichischen Regierung die Fischtaxen aufheben, und 1787 veranlaßte er, daß in den Erbländern sämtliche bestehenden Satzungen für Kalb-, Hammel-, Schweine-, Schöpsen- und Lammfleisch außer Kraft traten. Nur für das Rindfleisch wurde die Satzung beibehalten, damit dem ärmsten Teil der Bevölkerung in jedem Fall eine Nahrung bleibe. Die Fleischer konnten sich dafür an den Preisen der übrigen Fleischsorten schadlos halten. Für Wien traf man besondere Vorkehrungen, um die Versorgung mit billigem

Rindfleisch für alle Fälle sicherzustellen. Es war Pflicht der Militärfleischlieferungsdirektion, bei Fleischmangel mit importiertem Fleisch auszuhelfen. Ihr wurde die Aufgabe zugewiesen, bei stärkerem Anziehen der Fleischpreise Hornvieh aus Ungarn und aus Niederösterreich heranzuschaffen und ohne Gewinn für den Fiskus den bürgerlichen Fleischhauern zu verkaufen. Es ist nun sehr bezeichnend, daß selbst diese Einrichtung von den Behörden benutzt wurde, um die Absichten des Kaisers zu durchkreuzen. Natürlich hatte er die Aufhebung der Fleischtaxen in der Absicht verfügt, die Konkurrenz zu verstärken und dadurch die Preise zu senken. Die Hofkanzlei ließ indessen in den Kontrakt, den die Militärfleischlieferungsdirektion mit den Fleischhauern abschloß, die Zusicherung aufnehmen, daß in ihrem Gewerbe niemand neu zugelassen werden sollte, es sei denn, das Wachstum der Vorstädte mache die Einrichtung einer neuen Gewerbeberechtigung unumgänglich notwendig.

Es ist kein Wunder, wenn unter solchen Umständen die Freigabe der Preise nur ihr Steigen zur Folge hatte. Dafür jedoch der Politik Josefs die Schuld zu geben, wie es sein Nachfolger und die Mehrzahl der Betrachter immer wieder getan haben, ist ungerecht. Wenn Josef II. wie auf anderen Gebieten so auch in der Gewerbepolitik mit seinen Reformen scheiterte und sie in seinen letzten Lebensmonaten revidierte, so waren daran in erster Linie außerökonomische Gründe schuld. Konsequent durchgeführt, hätte sie zum Ziel führen müssen. Aber der Widerstand der Interessenten und Behörden, die noch weitverbreitete Abneigung der Zeitgenossen gegen die Gewerbefreiheit, die Verkettung der gewerberechtlichen mit den anderen angefeindeten Reformen und schließlich die Ungunst der Zeiten — Krieg und Revolution gerade in der Anlaufszeit — zusammen mit dem frühen Tod des Monarchen trugen dazu bei, daß die Gewerbepolitik der Wettbewerbsförderung sich nicht rein entfalten konnte. Gerade nicht das dogmatische Festhalten an gewissen Grundsätzen, sondern die Verwässerung und Durchkreuzung dieser Grundsätze durch anderswollende Exekutivorgane haben das Versagen dieser Politik verschuldet. Sie konnte sich nicht voll auswirken, weil sie in den ersten Anfängen steckenblieb und außer dem Kaiser selbst fast niemand gewillt war, sie durchzusetzen. Es zeigt sich hier die auch sonst zu beobachtende Erscheinung, daß eine bestimmte Wirtschaftsordnung zu ihrer Verwirklichung eines entsprechenden geistigen Fluidums, einer Übereinstimmung mit der öffentlichen Meinung bedarf. Antikartellgesetze können sich nicht behaupten, wenn die Stimmung des Publikums kartellfreundlich ist, und der Wettbewerb kann seine Funktionen nicht erfüllen, wenn die Marktpartner nicht wettbewerbswillig sind. Das übersehen zu haben kann man Kaiser Josef II. allerdings zum Vorwurf machen. Seine Räte haben ihn oft genug darauf hingewiesen, wie schwer es bei dem Hang der Wiener zu einem bequemen Leben gerade in der österreichischen Residenz sei, durch Freigabe des Gewerbes Wettbewerb anzuregen. Schon 1781 hatte die Hofkanzlei in einem Bericht zu bedenken gegeben, daß „das Genie des Volkes auf große Bequemlichkeit und Aufwand in Nahrung und Kleidung“ gerichtet und von eigentlichem Handelsgeist nichts zu verspüren sei. Deshalb würden Anstalten, „die im Wälschland, im Reiche, in Sachsen und überall bey mehr denkenden, industriosen Nationen“ große Wirkungen getan haben würden, hier fruchtlos bleiben, ja ins Gegenteil umschlagen und statt Vermehrung der Anstrengungen durch Wettbewerb nur eine Vermehrung des Schlendrians zur Folge haben[60]. Man könnte daher der Meinung sein, die Gewerbepolitik Josefs sei verfrüht gewesen oder einem ungeeigneten Land aufgepfropft worden. Aber der entscheidende Grund für ihre Erfolgslosigkeit dürfte doch wohl einfach in der Kürze der Zeit liegen, die sie zur Verfügung hatte. Nach jahrhundertelanger Gewöhnung an Gewerbereglement und Privilegienwirtschaft kann nicht wohl erwartet werden, daß die Prinzipien der Gewerbefreiheit und des offenen Wettbewerbs sich in einem Jahrzehnt durchsetzen lassen. Wären die Nachfolger auf dem von Maria Theresia begonnenen und von ihrem Sohne konsequent verfolgten Wege weitergegangen, so hätte Österreich das erste Land Mitteleuropas sein können, in dem die moderne Wirtschaftsverfassung sich durchgesetzt hätte. Aber nach Josefs Tode beeilten sich die österreichischen Behörden, die allgemeine Mißstimmung durch die Aufgabe der josefinischen Ideen abzudämpfen. Soweit als möglich kehrte man zum status quo zurück. Neue Gewerberechte wurden nicht mehr verliehen, die Privilegien der Zünfte bestätigt und sogar die Jagd nach unzünftigen Störern wieder aufgenommen. Den Wünschen der Handwerker suchte man so weit wie möglich entgegenzukommen und identifizierte dabei deren Interessen mit dem allgemeinen Nutzen. Für die Ordnung des Wiener Lebensmittelmarktes bedeutete die Reaktion in der Gewerbepokitik vor allem eine Herstellung der Privilegien der nichtabgelösten Realgewerbe und die Wiedereinführung der Satzungen für Bäckerei- und Fleischereierzeugnisse. Damit wurde der Markt von neuem aufgespalten in einen durch Angebot und Nachfrage geordneten „Markt“ beiderseitiger Konkurrenz und einen durch behördliche Preisfixierung und -überwachung geordneten Markt mit oligopolistischem Angebot. Die Privilegien und die Polizeiaufsicht wirkten erneut dem natürlichen Marktausgleich entgegen.

---

[60] Ebenda I, 459 f.

Ist der Wiener Lebensmittelmarkt das Beispiel für die Ordnung eines elementaren Wirtschaftsgebietes, dessen Probleme sich in ähnlicher Weise in jeder Stadt zeigen, so gibt das Beispiel des Granathandels einen Einblick in die Ordnung eines Luxusgewerbes, dessen Probleme fast einzigartiger Natur sind. Dabei richten wir unser Augenmerk nicht, wie bei der vorigen Betrachtung, vorwiegend auf die Angebots-, sondern auf die Nachfrageseite. Denn die Ordnung des Granathandels betrifft die Rohstoffbeschaffung der Breisgauer Handwerker. Sie war für ihr Gewerbe von ausschlaggebender Natur, weil die Rohstoffe nur an wenigen Orten vorkamen. Den Granat, den die Freiburger Borer und Balierer in der Hauptsache bearbeiteten, bezogen sie ausschließlich aus Böhmen. Solange man ihre Geschichte zurückverfolgen kann, bildete der Einkauf für sie ein besonderes Problem. Die Methoden, mit denen man seiner Herr zu werden versuchte, wechselten von Zeit zu Zeit. Im allgemeinen war der Einkauf kollektiv geregelt, wobei als Käufer einmal die Bruderschaft, ein andermal der Stadtrat auftrat. 1544 war der Kauf so geordnet worden, daß die Händler die Ware auf das Freiburger Zunfthaus bringen mußten, wo die Zunft in corpore den Kauf abschloß. Später versuchte man es damit, einzelne Meister im Auftrag beider Zünfte nach Böhmen zu senden. Uneinigkeiten zwischen den Zünften und die Unmöglichkeit der Kontrolle über die Abgesandten ließen jedoch auch diese Methode als ungeeignet erscheinen. Man mißtraute sich gegenseitig und fürchtete sich davor, daß die einkaufenden Meister die Steine selber behielten oder gar das Gewerbe verschleppten. Daraufhin schaltete sich der Magistrat ein. Die Steine wurden von der Stadt angekauft und an die Bruderschaft weitergegeben. Aber da die Bruderschaften den von der Stadt geforderten Kaufpreis nicht zahlen wollten, scheiterte auch diese Einkaufsordnung. Schließlich schlossen die Zünfte mit den böhmischen Grundbesitzern, von deren Besitztum die Edelsteine kamen, Lieferverträge, ohne auf diese Weise zu befriedigenden Ergebnissen zu kommen. Auf alle Fälle stand der Granathandel stets unter besonderen Bedingungen, die die Breisgauer Bruderschaften durch Kartellierung und Ausschaltung des Zwischenhandels so günstig wie möglich zu gestalten suchten. Die dabei natürlicherweise immer wieder auftauchenden Problem der Einigung innerhalb der Korporation und der Organisation des Transportes konnten jedoch nicht zufriedenstellend gelöst werden.

Auch in der zweiten Hälfte des 18. Jahrhunderts bereitete die Einkaufsordnung viele Schwierigkeiten. Die obrigkeitliche Aufsicht ging nun aber vom Magistrat auf die vorderösterreichische Regierung über (die allerdings ihren Sitz ebenfalls in Freiburg hatte), denn die Edelsteinschleiferei war ein Exportgewerbe und fiel daher bei der Trennung der Polizei- von den Kommerzgewerben unter die letzteren, die aus der Zuständigkeit der örtlichen Behörden herausgenommen und der Regierung direkt unterstellt wurden. Die vorderösterreichische Regierung schlug nun zu Beginn der sechziger Jahre der Stadt vor, den Einkauf der Granate wieder selbst in die Hand zu nehmen, und der Freiburger Magistrat schloß daraufhin einen Vertrag mit dem Grafen Kolowrath, in dem er sich verpflichtete, die rohen böhmischen Steine drei Jahre lang zu übernehmen. Der Graf behielt sich hingegen vor, so viele Granate, wie zur Verarbeitung in Böhmen selbst benötigt würden, zurückzubehalten. Der Preis wurde im voraus festgelegt und ein Zuschlag von 4 % als Händlermarge bestimmt. Auch die Weitergabe an die Bearbeiter war in dem Vertrag geregelt. Die Freiburger Bruderschaft sollte zwei, die Waldkircher ein Drittel der Granate bekommen und Herr Baron von Summerau als Gutachter die Verteilung überwachen, „wodurch dann ein jeder bey seyner Nahrung erhalten undt alle unterlaufen mögenden Zwistigkeiten werden vermieden werden“[61]. Dieser Wunsch ging offenbar nicht in Erfüllung, denn der Vertrag ist nach Ablauf der drei Jahre nicht verlängert worden. Die Stadt überließ den Einkauf fortan wieder der Bruderschaft. Welche Gründe dafür maßgebend waren, ist nicht bekannt. Vermutlich haben die Borer und Balierer der Stadt die Edelsteine nicht zu dem Preis abgenommen, zu dem diese sich im Lieferungsvertrag verpflichtet hatte. Da die Stadt ja keine anderen Abnehmer besaß als die Bruderschaften, war es für die Korporation natürlich ein Leichtes, ihr Kollektivmonopol auszunützen. Auch früher schon hatte sie nachweislich davon Gebrauch gemacht, wenn der Einkauf von der Stadt getätigt worden war.

In ähnlicher Weise versuchten die Bruderschaften auch in den folgenden Jahren, nachdem sie den Einkauf wieder selbst übernommen hatten, den Preis ihres Rohstoffes zu drücken. Die Granate wurden von Edelsteinhändlern aus Böhmen nach Freiburg gebracht, durften dort aber nicht frei verkauft, sondern mußten auf dem Zunfthaus deponiert werden. Da Freiburg zu den österreichischen Vorlanden gehörte, die zollpolitisch gegenüber den anderen österreichischen Territorien als Ausland galten, war der Handel verhältnismäßig leicht zu überwachen. In den sechziger Jahren bestand nämlich in Österreich für rohe Granate ein Ausfuhrverbot, und die Ausfuhr nach Freiburg war nur mittels eines besonderen Exemtionspasses möglich. Dieser Paß konnte also zur Kontrolle des Granathandels dienen, und er mußte auch zusammen mit den Edelsteinen deponiert werden. Die Bruderschaft ließ sich nun mit dem Kauf so lange Zeit, bis die Händler mit Preissenkungen einverstanden waren, um endlich den Verkauf abschließen zu können.

---

[61] Trimborn, a.a.O., S. 51.

Daß dieser Zustand zum Schmuggel geradezu aufforderte, liegt auf der Hand. Die Händler führten, wenn immer möglich, Steine schwarz mit sich, um sie an einzelne Meister oder die „unlautere“ Konkurrenz der Handmühlen in der Nachbarschaft zu verkaufen. Die Ausnützung des kollektiven Monopols schadete also schließlich der Bruderschaft selbst am meisten, zumal die Kartellierung nicht fest genug war, um einzelne an einer Durchbrechung des monopolistischen Preisdruckes zu hindern.

Die vorderösterreichische Regierung sowohl wie die Zentralregierung in Wien versuchten nun, dieses kartellähnliche Verhalten der Bruderschaft zu verhindern. Sie wiesen den Magistrat an, darüber zu wachen, daß die Bruderschaften unverzüglich zum Kauf schritten, wenn ein Händler eingetroffen war. Da das offenbar nichts nützte, veranlaßten sie die Bruderschaften, wieder zu der anderen Form des Einkaufs überzugehen, bei der ihr statt der einzelnen Händler die wenigen Granatgrubenbesitzer als Partner gegenübertraten. Es sollten erneut direkte Lieferverträge mit den Produzenten abgeschlossen werden. Da die Stadt die Vermittlung dieser Verträge auf Grund ihrer schlechten Erfahrungen ablehnte, ordnete 1769 die Kaiserin selbst den Abschluß solcher Verträge mit festen Zahlungsfristen zwischen der Bruderschaft und den Granatbesitzern an.

Daß auch diese kaiserliche Regelung nicht von Bestand war, beweist die „Erneute Professionsordnung“ von 1774, die wieder voraussetzt, daß einzelne Händler ihre Ware nach Freiburg bringen und auf dem Meisterhaus deponieren. Nur in Ausnahmefällen wird es einzelnen Meistern mit besonderer Bescheinigung des Magistrats erlaubt, selbst nach Böhmen zu reisen und Granate einzukaufen. Auch sie müssen sie dann auf das Zunfthaus bringen. Der Einzeleinkauf wird erneut streng untersagt. Selbst wenn ein Lieferant seine Ware „wegen allzu hohen Preiss“ nicht sogleich loswerden und von der Regierung die Erlaubnis bekommen sollte, die Steine frei zu verkaufen, dürfen die Zunftmitglieder „bey willkührlich obrigkeitl. Strafe“ nur auf dem Meisterhaus Käufe tätigen. Das kollektive Monopol soll so wenig wie möglich durchlöchert werden.

Diese vom Magistrat der Stadt Freiburg bestätigte Zunftordnung, deren Einkaufsbestimmungen sich deutlich gegen die Politik der Regierung richten, hatte jedoch kaum noch praktische Wirkung. Im selben Jahr fällte nämlich die Zentralregierung in Wien einige handelspolitische Entscheidungen, die die Monopolpolitik der Zunft und des Magistrats illusorisch werden ließ. Zunächst wurde das Ausfuhrverbot für bestimmte Sorten der österreichischen Granate aufgehoben und damit die außerösterreichische Konkurrenz, die zum Teil in unmittelbarer Nähe von Freiburg beheimatet war, entscheidend gestärkt.

Im nächsten Jahr verfügte ein kaiserliches Dekret, daß die in Freiburg ankommenden böhmischen Granate binnen drei Tagen auf dem Meisterhause verkauft sein müßten, andernfalls den Lieferanten der Verkauf innerhalb und außerhalb der österreichischen Grenzen freigegeben sei. Schließlich wurde das Ausfuhrverbot für alle Gattungen roher Granate aufgehoben und dafür ein Zolltarif eingeführt, der auch die Breisgauer traf, da sie ja für Österreich Zollausland waren. Zwar wurde für sie der Zolltarif nur zu einem Viertel berechnet, so daß sie gegenüber ihren nichtösterreichischen Konkurrenten noch immer im Vorteil blieben, aber die unzünftigen böhmischen Manufakturen fügten nun zu ihrem Organisations- und Standortsvorteil auch noch einen Zollvorteil und machten den Breisgauer Edelsteinschleifern endgültig den Garaus.

Als neuer und vielleicht schwerster Schlag für die Bruderschaften der Borer und Balierer in Freiburg und Waldkirch kam hinzu, daß in demselben Moment, in dem sie ihr kollektives Monopol auf der Nachfrageseite verloren, es in Böhmen einem Juden gelang, den gesamten Granatbau in seine Hand zu bekommen. Da er selbst Besitzer einer „Granatfabrik“ war, nutzte er sein Monopol aus, um die Preise der rohen Steine für seine Konkurrenten in der Verarbeitung beliebig in die Höhe zu treiben. Zeitgenossen berichteten, daß in der Mitte der siebziger Jahre die Preise höher gewesen seien als die fünfzig Jahre zuvor[62]. Daß um diese Zeit auch die Imitationen des Granatsteines weite Verbreitung fanden, setzte nur noch den Schlußpunkt in einer Entwicklung, die wesentlich durch die Gewerbepolitik der österreichischen Monarchie mitbestimmt war. Indem sie das Nachfragemonopol der Bruderschaften brach und ein Angebotsmonopol nicht verhinderte, kehrte sie die jahrhundertelangen Marktverhältnisse im Granathandel um. Und war auch die Entstehung des Monopols im Granatbau von der Regierung nicht beabsichtigt, so hat sie doch die Politik der Dekartellierung auf der Nachfrageseite planmäßig verfolgt. Ihr Ziel war, wie das Ziel der aufgeklärten österreichischen Wirtschaftspolitik in den siebziger und achtziger Jahren des 18. Jahrhunderts überhaupt, den Wettbewerb durch Verminderung der Privilegien der Zünfte zu stärken. Ein Privileg der Borer und Balierer zu Freiburg und Waldkirch war es aber seit Jahrhunderten gewesen, auf dem Markt für rohe Granate ein Kartell bilden zu dürfen und dadurch ein Kollektivmonopol zu schaffen, das sie den Marktvorteil, den die Granatgrubenbesitzer als natürliche Oligopolisten besaßen, zumindest ausgleichen und gegenüber ihren in- und ausländischen Konkurrenten eine deutliche Vorzugsstellung einnehmen ließ. Die

[62] Ebenda S. 64.

Ordnung des Marktes hatte also einen wesentlichen Anteil an dem Gedeihen und dem Verfall des Gewerbes.

Auch vor der industriellen Revolution hat die Politik das Wirtschaftsgebaren in bestimmte Bahnen gelenkt und seinen Ablauf entscheidend beeinflußt. Ohne die Kenntnis der politisch-juristischen Verhältnisse läßt sich also auch die Wirklichkeit der Wirtschaft nicht voll erkennen. Aber die rechtlichen Daten geben nur Auskunft über ganz enge, sehr schnell und häufig wechselnde Bedingungen des Wirtschaftens. Es bedarf einer mikroskopischen Untersuchung der Wirtschaftsgeschichte, um ihre Bedeutung zu erkennen. Die großen Umwälzungen und epochalen Geschehnisse setzen sich über sie hinweg und reißen sie mit sich fort. Gegen technische Vorgänge vom Ausmaß der industriellen Revolution und geistige Bewegungen wie den Liberalismus und Sozialismus verblassen sie. Aber auch in jeder großen Revolution spielen sie mit, und ihre Grundformen kehren immer wieder. Deshalb kann eine Wirtschaftsgeschichte, die über die Charakterisierung großer Epochen hinaus bis zur Beschreibung des wirtschaftlichen Alltags früherer Zeiten vordringen will, nicht ohne sie auskommen.

Literaturverzeichnis

Arneth, Christian: Verfassung und Recht der Handwerker nach den Innungsordnungen und Gesetzen der Markgrafschaft Bayreuth im Zeitalter des Absolutismus. Jur. Dissertation. Erlangen 1948 (Masch.Schr.).

Berlepsch: H. A.: Chronik der Gewerke. 9 Bde. St. Gallen o. J.

Bopp, Hartwig: Die Entwicklung des deutschen Handwerksgesellentums im 19. Jahrhundert unter dem Einfluß der Zeitströmungen. Paderborn 1932.

Branding, Ursula: Die Einführung der Gewerbefreiheit in Bremen und ihre Folgen. Bremen 1951.

Dewald, Johann Eberhard: Biedermeier auf Walze. Aufzeichnungen und Briefe des Handwerksburschen J. E. D. 1836—1838. ed. Georg Maria Hofmann. Berlin o. J. (1936).

Ersch und Gruber: Allgemeine Enzyklopädie der Wissenschaften und Künste. Art. „Gewerbe" und „Geselle".

Fischer, Wolfram: s. Stadelmann, Rudolf.

Frensdorff, Ferdinand: Das Zunftrecht insbesondere Norddeutschlands und die Handwerkerehre. Hansische Geschichtsblätter 13 (1907).

Fricke, Johann Heinrich: Grundsätze des Rechts der Handwerker. Göttingen und Kiel, 1771.

Frisius M. Fridericus: Der vornehmen Künstler und Handwerker Ceremonial-Politica. Leipzig 1708.

Fuhrmann, Walter: Die Gewerbepolitik der patrizisch und der zünftlerisch regierten Stadt. Diss. München 1939.

Gothein, Eberhard: Wirtschaftsgeschichte des Schwarzwaldes und der angrenzenden Landschaften I, Straßburg 1892.

Grimm, Brüder: Gesellenleben. In: Altdeutsche Wälder, Bd, I, Kassel 1813.

Hinrichs, Carl: Die Wollindustrie in Preußen unter Friedrich Wilhelm I., Berlin 1933.

Hoffmann, Leo: Das württembergische Zunftwesen und die Politik der herzoglichen Regierung gegenüber den Zünften im 18. Jahrhundert. Diss. Tübingen 1905.

Jahn, Georg: Zur Gewerbepolitik der deutschen Landesfürsten vom 16. bis zum 18. Jahrhundert. Diss. Leipzig 1909.

Keferstein, Georg Christoph: Unterricht eines Papiermachers an seine Söhne. Stolberg 1936. Nach dem Erstdruck Leipzig 1766.

Keferstein, Lebrecht Orlando: Gekrönte Preisschrift ... eine gründliche Erörterung der Mängel, welche bei der Papierfabrikation in Norddeutschland ... angetroffen werden ... Hannoversches Magazin, 64. bis 67. Stück, 1826.

Keil, Wilhelm: Erlebnisse eines Sozialdemokraten. 2 Bde. Stuttgart 1947/48.

Kistler, Franz: Die wirtschaftlichen und sozialen Verhältnisse in Baden, 1849 bis 1870. Freiburg 1954.

Kulenkamp, E. J.: Das Recht der Handwerker und Zünfte. Marburg 1807.

Kwiet, Herbert: Die Einführung der Gewerbefreiheit in Hamburg, 1861 bis 1865. Diss. Hamburg 1947 (Masch.Schr.).

Lerner, Franz: Geschichte des deutschen Glaserhandwerks, Schorndorf 1950.

Löbe, Paul: Der Weg war lang, Lebenserinnerungen, Berlin 2. A. 1954.

Lütge, Friedrich: Deutsche Sozial- und Wirtschaftsgeschichte. Berlin, Göttingen, Heidelberg 1952.

Mascher, H. A.: Das deutsche Gewerbewesen von der frühesten Zeit bis auf die Gegenwart. Potsdam 1866.

Mengers, Christian: Aus den letzten Tagen der Zunft. Erinnerungen eines alten Handwerkers aus seinen Wanderjahren. Leipzig 1910.

Meusch, Hans (Herausgeber): Die Handwerkerbewegung von 1848/49. Alfeld 1949.

Meyer, Moritz: Geschichte der preußischen Handwerkspolitik unter dem Großen Kurfürsten und Friedrich Wilhelm I. Minden 1879.

Michel, Ernst: Sozialgeschichte der industriellen Arbeitswelt. Frankfurt 3. A. 1953.

Müller-Armack, Alfred: Genealogie der Wirtschaftsstile. Stuttgart 3. A. 1944.

Mummenhoff, Ernst: Der Handwerker in der deutschen Vergangenheit. Monographien zur deutschen Kulturgeschichte. Leipzig 1901.

Nirrnheim, H.: Zur Geschichte der Bäcker in Hamburg. Mitteilungen des Vereins für Hamburgische Geschichte 8 (1904).

Ortloff, Johann Andreas: Das Recht der Handwerker. Erlangen 1803.

Ders.: Corpus Juris Opificiarii. Erlangen 1804.

Otruba, Gustav: Der niederösterreichische Arbeiter. Untersuchungen über Berufsprobleme der niederösterreichischen Arbeiterschaft in Gegenwart und Vergangenheit. Teil II: Berufsstruktur und Berufslaufbahn vor der industriellen Revolution. Wien 1952. (Vervielfältigung, Masch.Schr.)

Plab, Hans: Vom Amberger Zunftrecht. Ein rechtsgeschichtlicher Querschnitt durch das Handwerk der ehemaligen Hauptstadt der oberen Pfalz. Diss. Erlangen 1950 (Masch.Schr.).

Potthoff, O. D.: Kulturgeschichte des deutschen Handwerks. Hamburg o. J. (1938).

Pribram, Karl: Geschichte der österreichischen Gewerbepolitik von 1740 bis 1860. Bd. I, Leipzig 1907.

Proesler: Hans: Das gesamtdeutsche Handwerk im Spiegel der Reichsgesetzgebung von 1530 bis 1806. Berlin 1954.

Rohrscheidt, K.: Vom Zunftzwang zur Gewerbefreiheit. Eine Studie nach den Quellen. Berlin 1898.

Schimke, Franzl: Der Stand der Gewerbegesetzgebung und Gewerbepolizei im nordostwärtigen heutigen bayrischen Schwaben während der Jahre 1801 bis 1813. Diss. Erlangen 1948. (Masch.Schr.)

Schmoller, Gustav: Die preußische Handwerkerpolitik 1648 bis 1806. In: Forschungen zur brandenburgischen und preußischen Geschichte I (1888).

Ders.: Zur Geschichte der deutschen Kleingewerbe im 19. Jahrhundert. Halle 1870.

Scholl, Carl: Lebenserinnerungen eines alten Handwerkers aus Memel, des Böttchers C. Sch. ed. M. u. J. Rehsener. Stuttgart/Gotha 1922.

Sieber, Jacob Gottlieb: Abhandlung von den Schwierigkeiten in den Reichsstädten das Reichsgesetz vom 16. August 1731 wegen der Mißbräuche bey den Zünften zu vollziehen. Goslar und Leipzig 1771.

Stadelmann, Rudolf: Soziale und politische Geschichte der Revolution von 1848. München 1948.

Stadelmann, Rudolf und Fischer, Wolfram: Die Bildungswelt des deutschen Handwerkers um 1800. Studien zur Soziologie des Kleinbürgers im Zeitalter Goethes. Berlin 1955.

Thun, Alfons: Die Industrie am Niederrhein und ihre Arbeiter. 2 Bde. Leipzig 1879.

Trimborn, Herbert: Ein Beitrag zur österreichischen merkantilistischen Gewerbepolitik am Beispiel der Bruderschaft der Borer und Balier zu Freiburg und Waldkirch. Diss. Freiburg 1940.

Valentin, Veit: Geschichte der deutschen Revolution von 1848/1849. 2 Bde. Berlin 1930/31.

Weiß, Johann Adam: Über das Zunftwesen und die Frage: Sind die Zünfte beyzubehalten oder abzuschaffen? Frankfurt 1798.

Weisser, Johann Friedrich Christoph: Das Recht der Handwerker. Stuttgart 1780.

Ders.: Das Recht der Handwerker. Neu bearbeitet von W. C. Christlieb. Ulm 1823.

Wissel, Rudolf: Des alten Handwerks Recht und Gewohnheit. 2 Bde. Berlin 1929.

Zanders, J. W.: 100 Jahre J. W. Zanders. Bergisch-Gladbach 1929.

Zatschek, Heinz: Handwerk und Gewerbe in Wien. Wien 1949.

Ders.: Einung und Zeche. Ein Beitrag zur Geschichte des Wiener Handwerks. In: Festschrift Edmund E. Stengel. Münster/Köln 1952.

Zelter, Carl Friedrich: Darstellungen seines Lebens. ed. Johann Wolfgang Schottländer. Schriften der Goethegesellschaft 44. Weimar 1931.